心理教育指导丛书 | 学校心育及教师教育典籍系列 |

戴联荣　陈　虹　丛书主编

中小学心理健康教育

写给中小学教师

张建新　孙 毅　主编

南京师范大学出版社
NANJING NORMAL UNIVERSITY PRESS

图书在版编目(CIP)数据

中小学心理健康教育：写给中小学教师/张建新，孙毅主编. —南京：南京师范大学出版社，2020.5（2024.3重印）
（心理教育指导丛书/戴联荣，陈虹主编）
ISBN 978-7-5651-4155-3

Ⅰ.①中… Ⅱ.①张… ②孙… Ⅲ.①中小学生—心理发展—研究 Ⅳ.①G444

中国版本图书馆 CIP 数据核字(2019)第 018837 号

丛 书 名	心理教育指导丛书
丛书主编	戴联荣　陈　虹
书　　名	中小学心理健康教育:写给中小学教师
主　　编	张建新　孙　毅
责任编辑	徐文娟
出版发行	南京师范大学出版社
地　　址	江苏省南京市玄武区后宰门西村 9 号(邮编:210016)
电　　话	(025)83598919(总编办)　83598412(营销部)　83373872(邮购部)
网　　址	http://press.njnu.edu.cn
电子信箱	nspzbb@njnu.edu.cn
照　　排	南京开卷文化传媒有限公司
印　　刷	江阴金马印刷有限公司
开　　本	787 毫米×960 毫米　1/16
印　　张	11.75
字　　数	180 千
版　　次	2020 年 5 月第 1 版　2024 年 3 月第 2 次印刷
书　　号	ISBN 978-7-5651-4155-3
定　　价	38.00 元

出 版 人　张　鹏

中小学心理健康教育
写给中小学教师

主　　编：张建新　孙　毅

副 主 编：曹　慧　苏　宁

　　　　　周明洁　郭　薇

编写人员：（按姓氏笔画排序）

　　　　　王　宁　王　菲　王艳红

　　　　　尹　慧　叶丽媛　伊婧竹

　　　　　杜贤贤　张涛涛　魏　兴

序

这是一本有关教育与心理的书，专门写给令人敬佩的中小学教师们。在现代社会，谁的人生没有经历过小学和中学阶段呢？在那里，我们接触到的中小学教师们，是除家长之外最重要的人生导师，是每个人走向现实社会的真正启蒙人；在那时，教师在我们眼中都是拥有知识、充满智慧、只能仰视而不得与其比肩的成年人，他们的鼓励与惩戒作用有时甚至超过了家长。

而当我们自己成年后，再接触中小学教师，则又是另一番感受。看到他们因为意识到自己肩上的责任而展现出端庄、真诚的表情，身着得体的服装，听到他们因传授各种知识而练就出来的清晰、标准的普通话，体验到他们因整日与孩子们在一起生活学习而浸染出来的天真和热情，会不由自主地感激他们。此时此刻，教师在我们的眼中是满怀关爱、充满热情、随时可以与其并肩而立，但仍需仰视的人类灵魂建筑师。

当然，成年后我们变成了研究者，我们便以研究者的身份去与这些可爱的教师们打交道。但在很多情境下，我们与教师们的关系似乎颠倒了，我们被请到讲台上，而中小学教师们则坐在孩子们的座椅上；我们口若悬河，眉飞色舞，教师们则默默倾听，低头不语。我们哪里还有仰视，有的只是俯视和自以为是。我们俯视的资本究竟为何呢？或许是因为我们掌握了一些实验和测量统计的手段，能够将教师教授的孩子们当作研究对象，将他们的内心世界抽象地理解为某些概念的集合和交互作用，进行操作、控制、调整，然后使用各种理论假设和学说加以解释。我们仅仅因为具有了如此的解释特权，就能够真的成为教师们的导师、成为教育家了？

非也。荀子曰："水火有气而无生，草木有生而无知，禽兽有知而无义，人有气，有生，有知，亦且有义，故最为天下贵也。"正是中小学教师们在整日呵护、伴随着那些正在成长为“天下最贵”“有气、有生、有知、有义”的孩子们。孩子们是一个个鲜活的生命,他们的一颦一笑、一举一动早已在教师心目中成为一个个差异化的成长轨迹,它们绝不是在研究者思想中存在着的,众多界定尚不清的抽象人物和概念,以及其之间复杂的调节、中介的关系等。许多教师都将日常的观察和经验总结出书,其中多含富有启发性和显现规律性的内容,也是很值得广泛推介和借鉴的。笔者在这里对培养“天下最贵”者的教师们表达最深切的敬意,一言以蔽之,尽管笔者已经与你们比肩而站,但培养着“天下最贵”之人的教师,才是永远令人敬仰的人!

自然,研究者也不都是坐在电脑前进行研究工作的,他们中就有很多人深入中小学,常年与教师和孩子们同学习、同运动、同生活。他们的研究成果因为带有鲜活的气息,便具有了真正意义上的指导价值。比如心理学家维果茨基,他正是在观察和模拟学生们在与教师和同伴的互动过程中取得学习进步的结果,才提出了著名的“最近发展区”概念。“最近发展区”的基本理论构思是,要懂得和发现学生的发展过程与他们学习能力之间的真实关系,教育工作者就不能仅仅局限于确定学生已经达到的实际发展水平,而更要了解学生可能达到的发展水平。“实际发展水平”是指学生能够独立完成学习任务或者解决问题的难度(比如完成一个智力测验任务);而“可能发展水平”则是指学生在成人(教师、家长)的启发帮助下,或者与其他伙伴合作中完成任务或解决问题的难度。在他人启发下完成任务的难度通常都会高于独立完成任务的难度,两个难度水平之间的距离差异就被称为“最近发展区”。“最近发展区”概念揭示了学生近期的发展潜力空间,帮助教育工作者更好地了解学生,并给予其方向和目标清晰的引导。

“最近发展区”教育思想的一个关键在于,学生发展的潜在空间是要在成人帮助或者伙伴合作的条件(即他人成为助力因素的情况)下才可以被发现、被测量的。这相当于说,学生的学习和发展是在社会沟通环境与交往过程之中前进的,而非仅仅是由于学生年龄的增长、生理的成熟而自发产生出来的。社会与文化环境为“最近发展区”提供了最终的动力,这也是人类个体与动物个体在适应过程中成长的本质区别之一。人类生活经验中的重要他人的利他行为引导出的历史建构和文化阐释，是动物的社会组织中所没有的。人类个体有能力将自己的经验外化，并在与社会群体其他成员分享自己对经验理解的过程中，得到自身的丰富与发展：人的心智是存在于社会之中的心智。这是一个非常了不起的发现，它源自研究者与师生共同的教与学的生活实际，源自研究者维果茨基的敏锐观察，更源自维果茨基所具有的历史辩证法的哲学思想。

皮亚杰同样是一位杰出的发展与教育心理学家。他通过对学生的追踪观察和研究，提出了"发生认识论"。他认为，人类知识的形成，既不是外物的简单复本（经验论），也不是主体内部预成结构的独立显现（预成论），而是包括主体和外部世界在连续不断的相互作用中逐渐建立起来的一系列认知结构。认知结构的发展标志着学生智力水平的提高和逻辑范畴与科学概念的深化。任何专门的认识论都要依赖于心理学，因为它们（具有全部性质的，如逻辑学；或具有部分性质的，如物理学）都是主体对客体施加动作的结果。对运算水平认知结构的形式表述就是运算逻辑。运算逻辑是科学知识的"基因型"，各种科学知识则是运算逻辑的"表现型"。它们分别是主客体相互作用的内化和外化的结果。因此，在皮亚杰的理论体系中，认知结构的发展理论、运算逻辑及逻辑范畴和科学概念的发生认识论，这三者是主客体相互作用、矛盾统一的，它们构成了学生（主体）认知功能发展的全貌。中小学阶段正是学生各种运算逻辑发生、发展和巩固的时期，教师们所提供的支持是促成孩子们身上的知识"基因型"转化为知识"表现型"的客观基础。如果教师没有为孩子们构成客观知识的背景和环境，孩子们又如何能够完成自身认知结构的组建和完善呢？"狼孩"应该具有与人类同样的"基因型"，但当同龄人已入学，他们却没有正常入学，没有获得人类教师的帮助，他们便无法完成向人类成人般多姿多彩"表现型"的转化。

维果茨基和皮亚杰的理论和实践都自觉或不自觉地隐含着辩证法思想。他们的理论不仅产生于书斋，更是在他们对孩子们的学习实践活动进行观察和实验的基础上逐渐确立的。他们建构的发展心理学重要理论既是他们研究的产物，也是他们的理论研究对象（学生）自身生活实践的结果。所以，从某种意义上讲，他们既是研究专家，又是教育实践家，研究者的角色与教育家的角色在他们身上得到了完满统一。他们为我们每一位教师树立了极好的榜样。

本书的内容只是粗略地介绍了一些如同维果茨基和皮亚杰一样杰出的研究者们的成果，为教师们在教学实践中提供参考；但笔者（做不了中小学教师这样实践性极强的工作，因此只好）希望通过这本书帮助中小学的教师们去思考，为什么这些杰出的研究者们能够将自己的教育实践经验总结出来，转化为学生教育实践的理论指导，以施惠于更多的人？这背后存在着哪些更深层的原因？教师们是否也可以向他们学习，思考如何将自己的实践经验提升到理性思考层次，将自己教书育人的成果抽象概括为一般性的模式，从而让更多教师能够从中受益，让更多人成为教书育人的"天下最贵"者？

"教与学相长"说的正是学生的"学"与教师的"教"构成的主客观的两个方面，学生在教学过程中是主体，教师则成为孩子们成长的重要客体。"学生的内因为主，教师的外因要通过内因而起作用"；孩子们由"要我学"变为"我要学"，等等，都讲的是同一件事情。在学生的成长过程中，教师不可"反客为主"，进行"填鸭式"教学，急切地"揠苗助长"。依照维果茨基和皮亚杰等的观点，教师们只要做好"陪伴式""关注式""互动式"的背景和环境，了解和知道每一个孩子在这个特殊背景下的反应特色（源自成长阶段和家庭），并做好及时和有针对性的应对，就很好地完成了教师的职责。这是因为，依照维果茨基和皮亚杰等的观点，孩子们的成长不是完全由他们父母传递的基因（渐成说）决定的，也不是完全由家庭、教师等后天因素（环境决定论）塑形的，而是他们自身（包括基因及在基因基础上发育成长出来的各种躯体和心理结构，如大脑）在与环境的互相作用之下逐步发展出来的过程，是个体将在他们一生中不断进化的结果。

谈及进化，人们就一定会想到达尔文。达尔文是一位杰出的生物学研究者，他亲自随船游历，考察了许多人迹罕至的大陆与海岛，观察和收集大量生物样本，提出了“物竞天择，适者生存”的生物进化理论，指出整个生物界（包括人类）都是通过自然选择和遗传变异的进化机制作用而发展至今的，所有生物的结构和功能（包括复杂如人脑）都带有整个进化过程的印记。现代心理学的标准教科书都留给大脑神经及其结构和功能大量的篇幅，用以强调说明人的心智发展的物质基础是碳基生命进化过程中产生的人脑。心理学最新的研究成果也都证明了脑与心智之间的复杂关系。

当然，人脑与人的心智发展显然不是同步的，人的心智在工具和社会文化出现之后快速发展，而大脑的体量和结构与史前智人相差无几。这表明人的心智快速发展只能向人类生存的人造环境——社会、文化的历史变迁寻找更为合理的解释。个体的心智发展也是如此，人类在婴儿期一方面需要长期依赖有经验的成人照料；另一方面，也需要从与周边人的互动过程中获得心智的发展，从而成长为成熟的、适应社会生活的个体。“狼孩”虽然具有人类的大脑，但“狼爸狼妈”们不能提供人类的关爱、人类的语言、人类的知识和人类交往的经验，故而，“狼孩”的心智就不能发展成为成熟的人类心智。

因此，进化论与历史辩证法应当被研究者自觉接受为发展心理学乃至整个心理学的重要理论基础。历史辩证法试图证明人类社会的发展是从低级到高级不断有新东西产生、不断完善的前进上升的合乎规律的运动过程，从而它将历史观从形而上学中解放出来，让历史也成为在历史中从事研究的研究者们进行思考的一个重要维度。进化论以史为鉴，用生物发展进化的事实，找出生命生存规律和发展方向，恰好印证了历史辩证法的合理性和科学性。

笔者个人一贯的观点是，每个人都是人生的心理学家，因为他们对自己和身边的他人“所感、所知、所思、所想、所情、所为”都能生成自己个人的判断、理解和预测。因此，中小学的教师们便是理解孩子们心理世界的最亲、最近、最好的心理学家。只是，我们的中小学教师除了做好自己的教育工作外，还要学会将自己的教育经验提升到思辨的高度，才能进入“教书育人”“因材施教”“述而不作”的更高境界。在这一过程中，我们要以维果茨基、皮亚杰、达尔文等人为榜样,向他们那样培养自己具有历史和发展的角度和视野,去观察、鼓励和矫正“天下最贵”的孩子们。这正是本书想要传达给教师们的:所谓研究者与教育家合二为一是为人师者提升和抽象自己教书育人的思想方法。

每个孩子都是独特的。孩子进入学校时,都背负着自己婴幼儿时期的历史,背负着自己父母和家庭的影响。孩子们的生物学和心理学特性与其家庭环境的相互作用结果便构成了孩子们自己的成长历史,长久积淀而形成了孩子们出现在班级同伴和教师面前的独特人格特征(个性、性格等)。而孩子们在学校学习的整个过程中,又在与教师和同伴们不可避免的互动中,发展和成熟着自己的人格:每一次交新的朋友,每一次换班主任,每一次升高一个年级……甚至每一次被当众表扬或者批评,都将历史性地影响和塑造着孩子的内心世界和外在行为。

进化心理学认为,当代人类的大脑里装着一个有着漫长进化历史的心理。这里的“过去”不仅是指个体的成长史,更主要是指人类的种系适应的进化史。心理是“作用于我们狩猎—采集时代祖先身上的进化过程所产生的、进化而来的适应器”。要了解人类的心理,先要弄清心理机制是如何在自然选择过程中解决适应问题的。心理机制(包括大脑机制)是解释人类社会行为的极为重要的因素。在用心理机制解释人类行为的时候,当然也不能忽视环境的作用,环境的作用只在于作为背景因素来激活心理机制,从而使有机体表现出行为。所有的外显行为都是背景输入和心理机制相互作用的结果。

多数以实验室为基地的研究者看不到生龙活虎的孩子们,而是通过一个个的概念去建构孩子们心理的发展。比如,本书多次提到人格在理解个体发展中的重要性,并提及描述人格的“大六人格”特质因素结构模型。人的心理(如特质)功能就像一把“瑞士军刀”,它包括不同的工具,其中每一个工具都能完成某个特定任务。

在个体层面,人类演化的基本机制体现在两个方面,一是要产生“身体的行动”,二是要产生达至行动目标的策略。所以,进化心理学家将人格重新定义为“生命任务和完成它们的策略”“个人追求和达至它们的行动”“个人工程和完成它们的行动”等，也即“目标和行动”。因此，人格特质也是由个体的当下动机与达成动机目标的计划和行动构成。教师们时时日日与孩子们交往着，体验着孩子们在发展之中的喜怒哀乐，观看着孩子们从一个阶段到另一个阶段的长大成熟。若能从人格特质入手认识每一个孩子，教师们将会更好地因人施教。

根据我们多年的实证研究成果，人格结构是由六个特质因素组合而成的。这六个特质因素形成了“大六人格”因素模型，分别为：外/内向性(E)，情绪稳定性(N)，开放性(O)，宜人性(A)，责任性(C)，人际关系性(IR)。其中每个因素都是人类在进化过程中被自然(或社会)选择出来、具有适应功能的人格特质。每个个体的人格都是由这些特质或多或少地组合、搭建而成，因此，学生们的人格结构可以通过这个模型被认识。

上述的模型提供的双向视角，一方面可以帮助教师更好地理解孩子们，避免使用固定不变的看人方式，而是将每个孩子都放到其自己的生活情境中，去观察孩子们是如何在解决生活问题之中变化着自己的应对策略并形成自己的风格和“人格”的；另一方面也让教师们能将自己变成孩子们可以依赖的生活背景，如同维果茨基的“最近发展区”建议的那样，成为孩子们解决问题过程中的助力因素。维果茨基、皮亚杰、达尔文的理论给我们的最大启发就是，每个人都是在不断面对和解决自己的生活问题之中走完一生的：有的人因解决的问题众多而重大，从而走完成功的一生；有的人因逃避或者放弃自己解决问题，从而似乎走完失败的一生。但无论如何，每个人都是带着自己的色彩和光环走完一生的，谁也替代不了。个体的成熟和成长与人类种族的进化有很多类似之处，故而有人说，个体的一生不过是重演着人类进化的过程。一个人在中小学阶段恰好是他通过社会规定的教学方式接受人类进化积累出来的各种知识，以便在成熟之后能够以自己独特的方式应用这些知识，创造性地解决所遇到的问题。所以，中小学教师的作用实在是重要而关键呀！

这本为中小学教师们写的书将皮亚杰的认知结构、“大六人格”因素模型及维果茨基“最近发展区”的学习结构放入达尔文“自然选择,适者生存”的进化过程之中,正好完整地体现了发展与教育心理学的全貌:教育的最终目标是将个体培养和引导成认知聪慧、人格健全、善于学习,从而适应复杂的社会生活,并能创造性解决各种生存挑战问题的人类个体。

希望本书能够给中小学教师们带来某种启发,给教师们的教书育人生活播撒某种新意,使其在与孩子们的日常互动中也成长起来,成为真正的“人类灵魂建筑师”。本书也算是当我们这些曾经的学生再次走向教师的时候向教师们敬献的一份小小的礼物。

是为序。

张建新

二〇一九年四月二十五日　于天坛西门

目 录

第一章　大脑发育与功能发展

本书第一部分先介绍个体6—18岁时大脑发育的特征。中小学教师通过了解大脑构成、功能特点及不同的学习内容和训练对不同脑区产生的影响，可以在教育和指导学生的过程中更好地掌握学生的发育及发展规律，发现问题并有效解决问题。

第一节　大脑与学习

一、案例与问题

自习课上，王鸿源在学习，卢俊文在看漫画书。过了一会儿，卢俊文对王鸿源说："你不是已经做完作业了吗？怎么还在学？"

王鸿源说："因为我需要多练习呀。"

卢俊文说："你是不是傻呀？题做多了，会做傻的。"

王鸿源说："是吗，可我爷爷说，大脑是越用越聪明的。"

卢俊文说："大人骗小孩的话，你也信？"

你认为大脑是越用越聪明呢？还是……

二、知识

为什么越学习越聪明？我们要了解大脑与学习的关系。

在讲大脑如何学习之前，我们先了解一下大脑里用于信息加工的物质条件——神经元。大脑中有大量的神经元，神经元负责加工、传递信息。那么，是不是神经元越多，学习就会越好呢？研究者发现在人出生的时候，大脑已经准备好了一生中绝大多数神经元，在出生之后，会有大量的神经元凋亡、被修剪，当然还会有新的神经元生成。另外，也有数据表明，人类并不是神经元数量最多的动物。因此，神经元的数量并不决定学习的好坏。

那么，什么才与学习有关系呢？早在20世纪七八十年代，研究者在对小鼠进行研究时发现：相对于出生后生活在单调环境中的小鼠，那些生活在具有丰富刺激环境中的小鼠的神经元数量变化并不是最主要的变化，核心变化体现在神经元之间的连接。对人类的研究也发现，随着年龄的增长，大脑中神经元之间的连接越来越多，逐渐构成了复杂的神经元关系网络，往往一个神经元会与几千个神经元相连。

神经元连接的主要方式是突触连接，原本不相关的两个神经元在反复放电的情况下会建立起新的突触连接。而突触连接的相对活动水平决定了突触的增强、减弱，甚至最终的消亡。已经建立起来的突触连接，其连接强度会由于多种原因而改变。如果常常刺激，那么突触之间的强度会越来越强。如果建立之后，很长时间都不再使用，那么强度就会变弱，甚至会消亡。对于这种消亡，研究者将其称为突触的修剪，即不用的连接被修剪掉，不再占用空间。所以，对神经元水平来说，学习就是突触连接的形成、增强、减弱和修剪的过程。对于正确的和应该锻炼的能力，我们需要通过反复使用来建立并增强神经元之间的联系，而对于那些错误的或不希望学生形成的行为模式，则不要强化它，或者忽略掉它，使得相关的神经元连接减弱，甚至被修剪掉。因此，在反复的学习过程中，我们的大脑在不断地优化，也就是俗话说的“越用越聪明”。

三、教育教学建议

从神经元水平来讲，对教师的教育教学有什么样的建议呢？

1. 让正确的信息建立良好的神经连接

在教授新知识的时候，概念辨析应该先呈现还是后呈现？教师在教学过程中，一定注意不要让错误概念抢先建立了连接。在教学的时候，应该先教授正确的概念，提供正确的信息，然后进行反复强化，之后再进行概念的辨析。如果学生在一开始有了错误的理解，需要立即纠错，确保学生理解无误后，再对正确信息进行反复强化。因此在教学过程中，概念教授后，强化前有一个特别重要的步骤，就是概念澄清。因为，按照大脑学习的规律来说，如果缺失了这一过程导致有些学生对概念有了错误理解，那么在强化中将让学生建立并强化起某些神经元之间的连接，要知道建立了神经元连接之后再让这个连接被修剪掉需要经过漫长的过程。因此，建议教师在教授新概念时采用以下教学步骤：教授正确知识信息—概念澄清使学生正确理解—强化练习正确信息—辨析相关准确概念。

2. 使不良的连接慢慢消退

如果学生有一些不良行为，应该怎么处理？

有些教师会对学生的不良行为反复念叨，如果从神经元连接的角度来看，这实际上可能会增加神经元之间的连接强度，因为在教师念叨的时候，学生可能会在大脑中反复重现事件发展过程。那么，之后学生面对同样的事件场景的时候，大脑的这条神经通路的速度可能会更快被接通或传递，即出现问题行为的可能性反而会增高。因此，在学生出现不良行为时，建议教师采用权变管理的方式。权变管理是行为主义心理学最新发展出的行为管理方式之一：强化期望的事情，忽视不期望的事情。例如，如果教师希望学生在课堂上不接话茬儿，那么，当学生接话茬儿的时候不予理睬，既不批评，也不讽刺，也不会跟着这个话茬儿往下接，而是接着自己的教学内容继续往下讲。同时在这个学生或者其他学生用教师期待的方式来回应教师时，应用积极语言模式对这位学生及其行为进行表扬。（陈虹，2014）也就是说，不良行为和缺点不要强化，让不良行为自然被“修剪”掉，把关注点放在学生的优势和教师想培育的学生品质上。

知识拓展

左利手？右利手？

利手（或称优势手）是指人们大多数情况下习惯使用的手。有的人更习惯使用右手，被称为右利手（右撇子），有的人习惯使用左手，被称为左利手

(左撇子)。

利手现象的出现可能同人在儿童期大脑皮层机能发育成熟程度有关,也就是人们的用手习惯与大脑左右分化相关。左右利手不只是在生物学上有所体现,它也受文化和社会环境的影响。如果以写字的手来判断左右利手的话,与其他国家,尤其是西方国家相比,中国人的左利手比例是最低的。这与我国的文化和教育环境有关,一些左利手的写字习惯在小学阶段就被纠正了。人类学研究显示,在远古时代人类就出现用手习惯,比例同现在接近,约有10%的人是惯用左手,其他都为右利手。在遗传方面,统计学的研究显示,在双亲都是左利手的家庭,子女是左利手的概率约为50%,同为右利手的双亲,子女是左利手的概率低至10%左右。

一、人的用手习惯是什么时候出现的?

人的用手习惯是随着年龄的增长而越来越确定的。孩子大约从2岁开始有了最初用手习惯的萌芽。测试时,将物品放在孩子的面前让他去抓取,观察他左右手使用的频率,多次测试后你会发现孩子在左手和右手的使用上有一定的倾向性,但这个偏向还不明确。左利手还是右利手出现明确分化是在孩子三四岁的时候。利手并非一成不变,可通过教育、训练予以改变。一旦成年以后,利手的改变将变得十分困难。

二、左利手和右利手有哪些不一样?

左利手和右利手各有优劣,并没有谁好谁差之分,任何人要想成功,都必须通过自身的努力才行。

但从左右脑分工角度而言,左利手的人由于右脑比较发达,所以他们在知觉、想象力方面会更强一些,而且他们的各种动作相对更敏捷,思考问题和处理事情的反应也可能更快一些。大多数右利手人的左脑相对发达,所以他们在处理事情时,比较有逻辑性和条理性,语言能力也相对更好些。

三、左利手者比右利手者更聪明吗?

不少人有这种观点,认为左利手者更聪明。在历史上有一些名人,比如画家达·芬奇和毕加索,物理学家爱因斯坦等都是左利手,据此人们认为左利手者更聪明。根据科学研究和统计学分析,此观点并未得到证实。大多数在艺术、科学还有其他行业有重大贡献的人都是右利手,这也符合左右利手的人群分布规律。

第二节 大脑的发展

一、案例与问题

一个三四岁的孩子在收到不喜欢的礼物时大发雷霆,而6岁大的孩子则会礼貌地向对方说一声“谢谢”,并尝试去隐藏自己的沮丧情绪。十几岁的孩子则会表现出更为复杂的行为模式,比如,当一件来自母亲同事的礼物不合自己心意时,孩子会礼貌地报以微笑;而当一件类似的礼物来自朝夕相处的母亲时,孩子就会皱起眉头以示不满,因为孩子认为母亲应该更了解自己的喜好。为什么在同样的情境中,不同年龄段的孩子会有不同的表现?

二、知识

过去人们认为,大脑皮层的成熟意味着神经系统的发育完备,但现在人们逐渐意识到:大脑其实永远处于“施工”的状态,在成年之前,神经系统持续有较大的发展,也表现出一定的阶段性特征,而这些发育能在一定程度上反映在学生的行为思维的改变之中。

在中小学时期人类大脑结构发育成熟过程中,最为突出的几个改变表现在:神经网络连接点——突触修剪过程,神经元纤维的髓鞘化,大脑的偏侧化,以及大脑发育的最后一个区域——额叶高级认知和控制功能的完善。

1. 神经发育过程的“用进废退”原则

婴儿出生时,大脑已经包含了一生之中的大部分神经细胞,有150—300亿个,出生后,大脑容积在增大的同时神经网络不断修饰——神经元之间时而建立连接并得到加强,时而连接变弱甚至消失。在儿童时期,大脑发育有两个看上去有点相反的变化:一方面是大量的神经元之间的连接(科学家把这种连接称为突触）不断被建立起来，另一方面是很多神经元被修剪掉。所谓修剪，是指那些单独的神经元或神经元之间没有用的突触（虽有突触，但不进行信息的传递）被删除，如果一个神经元无法持续作用于神经回路，它很容易就被修剪掉。

那么，什么决定神经元是保留还是被修剪掉呢？研究者对小猫进行的研究发现，如果小猫一出生就被带上眼罩生活三个月，那么眼睛内部的神经并不会消失，但是视皮层中的功能柱却没有形成，或者说出生时准备好的神经细胞没有进行连接，甚至部分消失了。因此，这样的小猫在取下眼罩之后，眼睛内的神经功能完好，视觉功能却完全损伤。这说明早期的环境会决定大脑内神经元的连接与修剪，环境贫乏，则连接少，甚至神经元被修剪。这样的研究虽然不能在人身上尝试，但是斯坦福经济学家斯科特（Scott）的团队对中国偏远农村儿童的研究可以侧面证明这一点。他们对大量的农村儿童进行了智商测验，发现有近一半的儿童在两岁时智商不到80（即偏低）。后来他们在这些地区向监护人（通常是奶奶或姥姥）免费按月提供玩具，且由志愿者教会这些养育者如何带领孩子玩玩具之后，同年龄段儿童的智商平均提高了10多分（属于正常水平）。可见，在儿童大脑快速发展时期，环境是否丰富将影响儿童大脑内神经网络的"基础建设工程"。

研究者指出，人类在出生之后大脑的发育受到人与环境的交互作用的影响。那些在交互中得到使用的神经网络就会被保留下来，并得到加强，而没有在交互中得到使用的神经细胞之间不能建立连接，甚至神经细胞本身会被修剪掉，这种情况被称为大脑的"用进废退"原则。这也是为什么不同环境中养育的同卵双胞胎，虽然遗传基因差异不大，但是后天表现出来的智力水平却有差异。

2. 额叶的髓鞘化和二次修剪

髓鞘化是指单个神经元周围形成一层髓鞘，这种髓鞘的作用像一种绝缘体，可以提高神经冲动的传递速度，从而使大脑与身体其他不同部分的信息沟通更为高效。就像是电线外面的绝缘层，有了这层绝缘层，神经元与其他神经元随意建立连接的可能性下降，在绝缘层内部的传递速度会更快。如果没有绝缘层，那么神经元之间还会有很大的生成新的连接的可能性，这样随着与外界环境的互动，神经网络的结构就可能发生较大的变化。对应到外在行为上，如果没有髓鞘化，那么面对同样的环境，人们可能会今天是这样应对的，明天则因为不同的神经元之间建构了新的连接，从而表现出不一样的应对方式，即行为不稳定。而髓鞘化之后，连接相对稳定，行为也就会相应更有可能呈现出稳定的模式。

在青春期还有一个重要的特点是：在这个阶段将进行第二轮突触修剪，因为在这个时期，大脑就像童年初期一样对环境极为敏感。这一轮的修剪也一样秉持“用进废退”的原则，将未被使用的突触系统性地删除，重组和精细调整神经网络，创造出更精简、更有效率的大脑。

3. 大脑的偏侧化

大脑分为左半球和右半球。我们身体右侧的感觉和运动是由大脑左半球支配的，而身体左侧的感觉和运动则是由右半球负责的。例如，当你用左手触摸物体的表面时，只有你的右脑被用于探索这个物体的表面特征；当你用右手握住一个物体时，只有你的左脑被用于觉察这个物体。大脑两个半球的认知机能有不同的分工。左脑主要负责言语、阅读、书写等语言机能和一些抽象的思维活动；右脑主要负责物体识别及空间定向、艺术、想象和形象思维等活动。

左右两半球借助联合纤维（又称胼胝体）相互连接。左右脑既有分工，又相互配合，人的复杂认知活动和智能操作借助左右两半球的分工合作得以展开。例如，人在说话时，负责言语活动的大脑左半球会发挥主要的作用，但左脑却很难辨别出讲话者的情绪。言语中一个重音的位置或者一个升降的声调都可能使得原有的语句有不同的语义变化，而觉察言语中情绪及对语意的影响则需要右脑的参与。同样，需要多种认知活动参与的数学运算、推理和抽象机能也是由左脑主要承担，但也离不开右脑的帮助。例如，完成立体几何运算任务的空间想象和操作，就需要右脑的协同作用。（尹文刚，2012）

相较而言，处理几何学证明题更为复杂，需要左右脑之间通过信息的交流将视觉语言和言语进行相互转化。如果左脑和右脑各自独立工作，没有了沟通交流（如第三节的“知识拓展”所讲述的割裂脑病人的情况），右脑无法将图形的信息传送给左脑,左脑也无法将言语信息传达给右脑。人们就无法形成完整的认知、情绪和意志等心理活动。这对于中小学的教学工作当然也有着重要启示作用。在教学工作中,教师会发现有一些学生学不好几何,反复讲解也无法让学生理解和解决学习中的几何问题。

从割裂脑的研究来看,教师可以提出一个假设,并努力澄清该假设,即虽然该学生具有完整无损的左脑和右脑,两半球脑也有正常纤维联系,但可能出于各种原因,这些学生已经在发育成长过程中形成了只使用支配言语和思维的左脑的顽固习惯,他们忽视右脑的空间想象的功能,因而无法运用左右脑协同去处理复杂的几何问题。因此,帮助这些学生理解和掌握几何问题的关键是如何找到适当的方法,训练这些学生开发和增强其左右脑之间的信息流动与交流。

4. 额叶的情绪控制作用

研究表明,大脑最先发展成熟的区域是枕叶,接下来是顶叶、颞叶,而处于大脑最前部的额叶是最晚发育成熟的区域。(见图 1.1)成熟后的额叶包含了两个部分,即支配和协调肢体运动机能的运动皮层,以及负责计划、组织和自我控制等复杂功能的前额叶皮层,前额叶成熟得最晚。

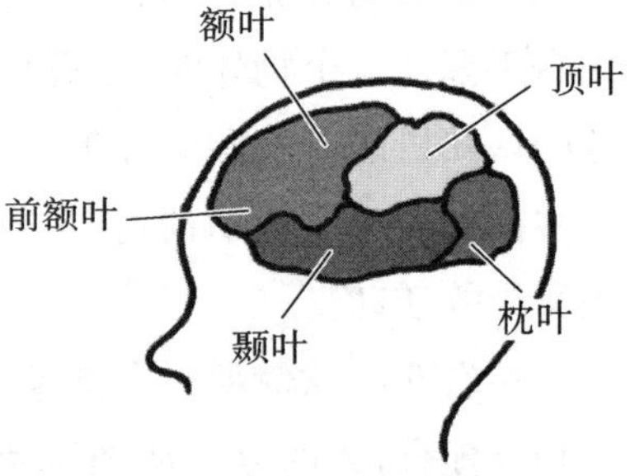

图 1.1　大脑区域(见彩插)

额叶是负责人们说话的具有高级功能的大脑区域,它同时参与了运动控制和认知活动(如计划、决策、设定目标等)。以情绪控制为例:前额叶在孩子 2 岁左右开始发育,因此低龄阶段的孩子难以控制自己,难受就哭,喜欢就笑。到了中小学阶段,学生在去自我中心化、发展观点采择能力、逐步学会换位思考的过程中,前额叶能力得到发展,从而慢慢在情绪管理上成熟起来。当然,前额叶一般要到 18 岁左右才发育成熟,所以中小学阶段的学生在情绪控制方面还常常有波动。比如本节的“案例与问题”中,三四岁的孩子可能在收到不喜欢的礼物时大发雷霆,而 6 岁的孩子则会礼貌地向对方说一声“谢谢”,并尝试隐藏沮丧情绪。这说明 6 岁孩子的额叶已经对行为产生了一些控制。十几岁的孩子则会表现出复杂的行为抑制模式，比如，当一件来自母亲同事的礼物不合自己心意时，孩子会非常有礼貌地报以微笑；而当一件类似的礼物来自朝夕相处的母亲时，孩子就会皱起眉头以示不满，因为孩子认为母亲应该更了解自己的喜好。

5. 额叶的计划与决策和行动作用

躯体运动与额叶功能相关联。简单地说，当我们想要运动时，大脑的额叶区就会给我们的肢体发出指令，躯体执行这个指令从而形成运动。人类不同于其他动物，人类还有一个高级功能——言语，也与大脑额叶有关。从生物演化过程来看，大脑结构中的额叶区域越来越发达，这与人类掌握了独有的言语方式、从小就广泛参与社会交往等复杂的活动有关。

额叶的计划与决策控制作用提示我们，要从体育锻炼开始，引导学生的身体动作和运动，调动大脑额叶的控制、规划和决策功能，从而提高学生们自我管理和自我控制能力，以便更好地制订学习目标，使生活变得更为理性，而不是经常被不良情绪所主导和控制。(Gerrig & Zimbardo，2015)

三、教育教学建议

1. 创建丰富的学习环境

根据大脑的“用进废退”原则，可以看到无论在哪个阶段，都应该给学生提供丰富的学习环境，包括提供知识演示的机会、用实物进行学习的机会、参与知识运用的实践机会、深入社会日常生活的机会。比如，在小学阶段，要增加各种教具的使用，并将现实生活中的道具引入课程；在中学阶段，以综合实践课程、社团等方式让学生接触社会生活中的多个方面，增加学生参与社会实践活动的机会。

2. 进行多感觉通道与动作的感觉联动训练

比如，视觉联动训练中先给学生们设置出一个视觉目标(如一个玩具或是教学中有趣的物品)，当学生看到视觉目标后，再发出指令，让学生以任意不存在危险的行为对目标进行探索并获取该目标。教师可计算学生获取目标行为所用的时间，以此作为视觉与行为相互协同发展的指标。这种训练可根据不同场景和学生的兴趣进行设计。

同样，进行听觉联动训练时先设置一个听觉目标，在重复上述训练过程中使学生的听觉与动作之间的协同能力得到提升。感觉联动训练可促使学生大脑神经网络的修剪和再修剪，从而有意识地帮助学生全脑神经协同功能的发展。

3. 青春期学生的教育建议

如前所述，青春期的学生脑神经的髓鞘化尚未完成。因此，这一时期的学生容易出现行为问题，但是正因为髓鞘化尚未完成，大脑结构处于第二轮的优化过程中，所以也是最佳的教育阶段。在这个阶段，教师要注意与学生建立起良好的情感连接，教师要意识到，中小学生脑神经的髓鞘化过程导致其行为具有一定的随机性，不同的内在情绪需求可能会导致同样的行为表现；同样的情绪需求也会出现不同的行为表现。因此，面对学生的行为问题，教师们要尽量先不去直指问题，而是放慢沟通的节奏，带着开放与好奇的态度与学生进行沟通，了解学生行为背后的情绪情感及内在的需要；在做到接纳学生的内在需要和情感的基础上，与学生共同探讨如何用更加合适的行为来解决问题。

比如学习遇到困难时，有的学生会寻求教师的帮助，有的会去补习，有的会自己跟自己较劲地“死学”，有的会自暴自弃完全不学，有的会根据心情有时候学有时候不学。其实，教师个性化的帮助是最有力量的方式，即理解学生的内在世界是如何运作的：他不爱学习的行为是害怕成绩出来后被批评？如果是，就需要降低评价，鼓励学生跟自己的过去进行纵向比较。还是遇到困难之后习惯了逃避？如果是，就需要让这位学生学会跟负面的情绪相处。或者还有其他的原因。总之，青春期是学生发展的重要时期，也是最需要关注学生内在发展的时期，因为这个阶段是学生发展的最后一个容易改变的阶段。

4. 意志力教育

在日常教学生活中，教师应留意学生在遇到一些阻碍或难以克服的困难后，可能出现的消极或者不满的心理状态，要在恰当的时机，循循善诱地使学生接受挫折并逐步面对它。比如，可以让学生们列举自己需要实现的目标，将大目标化为一系列的小目标，让学生们在一天中的固定时刻记录分析每天所做的决定和获得的进步，回想哪些是有利于目标实现的行为，设定一个时间坚持记录，有助于增强学生的意志力。鼓励学生多进行体育运动，运动心理学的研究结果表明，教师可根据不同的学习或生活任务，引导学生自己制订学习和活动的计划，并对执行情况予以适当的监督和引导，逐步培养学生对自身活动的计划和监控能力。

知识拓展

几何直观法

几何直观法，是利用图形描述和分析问题的一种方法，是《数学课程标准》中的十大核心概念之一。几何直观法不仅在图形与几何中用到，在数与代数、统计与概率、综合与实践中都能用到。遇到一个比较复杂、比较抽象的对象，可以用图形的方式将其画出来，这有助于学生理解问题，这是一种能力。现代社会需要培养学生应用几何直观的能力。

教学时，应根据学生的年龄特点和教学内容，帮助他们通过直观感知，重视数形结合等方法，培养几何直观的能力。

1. 实物直观演示

实物直观演示指借助与研究对象有一定联系的现实世界中的实际存在物，进行简捷、形象的思考和判断。小学低年级学生多使用此方式。

2. 简约符号直观

简约符号直观可分为动手操作、比较优化、建构简约符号直观和抽象概括四步来进行。教师在比较优化中不断向学生提问“为什么”，来引领学生进行思维碰撞。直观操作是一种手段和途径，物化帮助理解是目的。到了一定程度，要走出直观，建立图式表象，即简约符号直观，在脑中操作，完善理解。适当练习后，不断同化、顺应，在形成一定的运算模式后用数学语言来概括一般方法。

3. 图形直观表示

图形直观表示指借助明确的几何图形来描述和分析数学问题。图形直观表示有“形形表示”和“数形表示”。小学低年级的学生常采用“形形表示”。随着年级升高，学生的知识经验和生活经验不断丰富，在计算教学理解算理时，更多的是语言表征和符号表征。结合不同的教学内容，可以采用不同层次的图形直观表示，渗透“数形结合”。

几何直观法，既是一个过程又是一个结果，具有动态性、模型性。教学中应用几何直观，引领学生从直观走向抽象，帮助学生建立数学模型，培养学生几何直观能力。

第三节　人脑与行为控制

一、案例与问题

王立新是一名高三男生，他正在经历成长过程中的一份痛苦——他被喜欢的女生拒绝了。

听着课堂上班主任讲课的声音，王立新虽然心里知道自己应该把精力用在学习上，但是他心里像有一万只蚂蚁在啃咬，不得安宁，他觉得自己正在被“属于青年人的痛苦”折磨着；又觉得大脑里有着数十个声音在说话，有的在责备他贸然行动，有的在劝告他放下。突然，老师点名让他起来回答问题，他当然没有回答出来，坐下之后，他感到尴尬万分，又陷入新一轮痛苦中：自己为什么要在这个时候喜欢上女生？为什么要在上课时走神？为什么不能回答对问题？也对老师生出一丝愤怒：老师为什么偏要在这个时候叫自己回答问题，让自己丢脸。下课后，班主任把他叫到办公室进行了劝导。

晚上回到家，王立新习惯性地坐下来写日记，在记录过程中，他发现自己的一天都处在不良情绪之中，一直在进行着各种与学习无关的心理活动，完全偏离了自己的学习目标。王立新翻到日记的第一页，上面用醒目的大字写着“当一个人先从自己的内心开始奋斗，他就是个有价值的人”，那是他高一时摘抄下来的话，也是他鼓励自己好好学习的话，他重新振作起来，做一个有价值的人是他的学习动机，他要好好奋斗了。第二天，虽然看到那位拒绝自己的女生还是会痛苦，但是他努力地告诉自己要为了做有价值的人而好好学习，因此他努力地把注意力放回到学习上，并坚持了下来。

从王立新这两天的行为看，我们如何从大脑结构功能来解释呢？

二、知识

为什么关注学生的认知和情绪在改变学生行为中如此重要？——我们来看看关于大脑结构的“三脑假说”。

在进化论的影响下，神经科学家提出了一个关于大脑结构的“三脑假说”，即人脑是由爬行动物脑、古哺乳动物脑和新哺乳动物脑这三部分脑组成的。“三脑假说”认为，人脑保留了进化过程中的脑结构，这些脑结构也基本上延续了当初的功能。新的功能出现在新的大脑结构上，新结构叠加在旧的结构之外。（如图 1.2 所示）

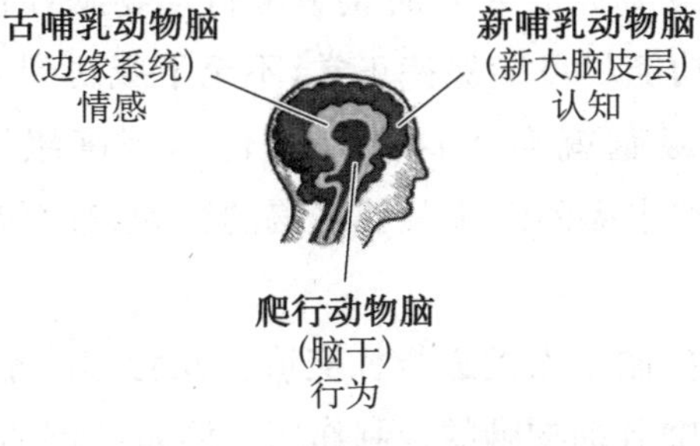

图 1.2　三脑假说（见彩插）

爬行动物脑主要负责人的基本生理功能，比如呼吸、反射、节律、行动等基础生理功能，因此有人也将这个部分称为“行为脑”。事实上，人脑中的生物节律、主要生命中枢确实是在脑干这一部分。

爬行动物脑之上叠加的是古哺乳动物脑，因此哺乳动物便具有了进行条件反射的功能，它们能够把危险信号与恐惧等情绪建立起联系，具有一定的学习能力，能够更好地保护自己。同时，较强的情绪功能也让哺乳动物更容易建立起族群。古哺乳动物脑对应着人脑的边缘系统，是控制人们进行情绪反应的首要大脑中枢。如果遇到一件令人生气的事，人在第一时间感到怒发冲冠，并做出冲动性的反应行为，这很可能就是大脑边缘系统的反应结果。

“三脑假说”认为，人类与其他动物最大的区别就在于发达的新哺乳动物脑，这个脑对应着人类大脑的皮层结构部分，这一结构的主要功能是进行信息汇总、加工和思考等，各方面的信息在这里都会综合起来，从而形成更有利于个体长期发展的行为决策；同时，它也具有对旧有经验进行反思、对未来情境进行预测等功能，对产生的决策进行反思和控制，即对行为的管理能力。虽然“三脑假说”是一种对大脑结构过度简化的说法，但在一定程度上可以帮助教师们用简单易懂的方式了解大脑的结构和功能。

“三脑假说”还提到，新一层的大脑功能会调节或影响旧一层的大脑功能的发挥。如当古哺乳动物脑被激活时，爬行动物脑的功能会受到抑制或增强。当一个人感到愤怒时，他的肾上腺素会大量分泌，血液会集中到四肢，可能会减少大脑供血；而当一个人特别恐惧的时候，他可能会出现呼吸抑制。这时新哺乳动物脑就要及时调节爬行动物脑和古哺乳动物脑的功能，使供血和呼吸功能尽可能保持正常，不至于威胁到生命。再如当人体内水分不足时，低级脑就会将这个信息传达到高级脑，人便会感受到“渴”，从而产生出找水喝的念头及找水喝的行为，进而改变身体内的水平衡状态。

认知对情绪的控制是人类进行社交或自我管理的重要功能，它体现了新哺乳动物脑对古哺乳动物脑的控制作用。例如，当学生没有完成作业时，教师的古哺乳动物脑可能会产生愤怒情绪，让教师产生批评学生这一行为冲动，但是如果这个时候教师的新哺乳动物脑被激活，进行更多信息的收集，可能会发现这位学生头一天晚上在熬夜为班级做某活动的 PPT，后来忘了做作业，那么教师可能就会产生一个认知——“没有做作业是不合适的行为，但是情有可原”，从而发布一个调节信号，让古哺乳动物脑的激活水平下降，愤怒感下降，最终在跟学生沟通时，可能就不会采用直接批评的方式，而是用了共情但是仍然强调要求的方式，应用积极语言，让学生在良好的情绪下接受“需要合理安排时间，完成作业”这一要求。（陈虹，2015）

三、教育教学建议

1. 教学时应该调动学生的情绪和认知

按照“三脑假说”，负责行为的爬行动物脑受到另外两个脑的控制，那么，学习行为也会受到情绪和对学习的认知的影响。学生对待某个学科的认知态度和情绪感受会在较大程度上决定学生的学习行为。学生如果能够喜欢某个学科（无论是什么原因），都会更有可能在这个学科上付出更多的时间和努力，另外，如果学生能够认识到这门学科的重要性（无论是哪方面的重要性），也会更愿意付出更多的努力。因此，在教学过程中，教师应尽量多关注学生对这门学科的情绪感受和认知态度。比如，可以尝试如下做法，增加学生对某学科的喜爱和认可。

（1）教师表现出对该学科的认可，并且能够将学科的魅力呈现给学生。例如学习语文并不仅仅是为了认字，还因为语文能力优秀的人会更加优雅而准确地表达出自己的想法。

（2）教师关心学生个人的发展，即良好的师生关系通常是学生喜欢某门学科的主要原因，尤其是在小学阶段。

（3）教师的教学方法有趣易懂。游戏化、参与式的学习过程往往能够提升学生对这门学科的喜爱程度，会让学生觉得学习是一件有意思的事情，从而愿意投入这门课的学习过程中。因此，教师在教学中加入一些小活动，能够起到不错的效果。

（4）教师本身是有魅力的。教师的个人魅力也会影响学生对学习的投入。教师值得学生敬佩或尊重，会让学生愿意为了教师而付出努力。

（5）实践性课程会提升学生对学科的认识。很多时候，学生并不知道为什么要学习这门学科，这会降低学生的投入程度。如果教师能够提供机会让学生去应用所学知识，或者让学生把所学与日常生活联系起来，那么学生就会更愿意学习新知识。

2. 帮助学生发展新哺乳动物脑

其实,发展新哺乳动物脑的说法与前面的发展大脑额叶的说法是一致的,也即平时教育过程中所说的:需要发展学生的“元认知”和“情绪管理”能力。在大脑发育过程中提到的“用进废退”原则在这里同样适用。可以看到,如果旧哺乳动物脑激活程度高,会让学生根据第一反应做出行为,这种反应通常是没有考虑前因后果的冲动性行为,而新哺乳动物脑的激活水平就很重要了,如果能够快速激活,就能对冲动性行为产生调节作用,从而更为理性地面对问题。但是如果长时间都不使用新哺乳动物脑,那么旧哺乳动物脑长期得不到控制,其激活水平和激活速度都会因为长期使用而得到提高,就容易按照情绪进行行为,显示出很低的情绪管理水平。因此,教师在教育过程中需要教授学生反思自己的行为,学习觉察并调整自己的情绪及情绪后的行为冲动。

一个简单而有效的调整情绪的方法是“STOP”法。“STOP”法是在遇到情绪唤起时可以采取的四个控制步骤:Stop(停止)—Take a breath(呼吸)—Observe(觉察)—Proceed(继续)。

具体而言,人在感受到情绪被激发时,应先让自己暂停下来,不管自己有什么样的冲动想法,都不去执行。再进行 2—3 次深呼吸,让自己从冲动的自动化反应模式调节到自主觉察模式。然后去觉察当下自己的身体、情绪、思维、冲动性行为意向等。当情绪激发或者感觉自己快要控制不住的时候,开始询问:自己身体各部位的情况如何?自己现在是什么情绪?自己在想什么?自己特想做什么?自己的哪部分需求没有得到满足?最后,在上述觉察和询问的基础之上,让自己选择一个符合社会价值和利益的有效的行为来释放情绪。这样的训练能够帮助学生学习调动新哺乳动物脑来控制情绪和行为,如果每一次遇到情绪唤醒,学生都能学着对情绪进行觉察,并根据自己的价值方向来选择恰当的行为,那么情绪管理能力就会越来越强,冲动性行为就能逐渐减少。

知识拓展

不可思议的盖奇

1848年9月13日，25岁的菲尼亚斯·盖奇在美国佛蒙特州的铁路建设工地上用一根铁棍把甘油炸药填塞到孔中的时候，一颗火星意外点燃了炸药。当时他的头正歪向一边，提前引爆的甘油炸药将他手中的铁棍从他的左颧骨下方穿入头部，然后从眉骨上方钻出(如图1.3所示)，当他被铁棍击倒后，颅骨的左前部几乎完全被损毁，惊人的是他并未失去知觉。

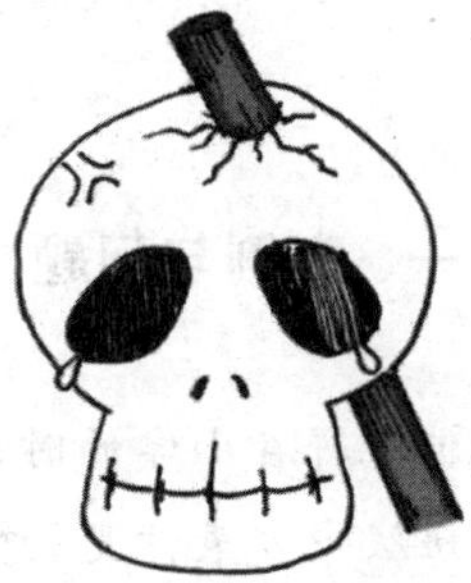

图1.3　盖奇头部受损示意图

在医院医护人员的精心照顾下，盖奇在两个月后出院，身体恢复如初，虽然头上有个洞，但不影响行动能力和其他方面的能力，盖奇恢复了正常工作。一段时间后，工友发现盖奇话语如常，思维清晰。一年之后，哈佛医学院为盖奇进行了体检，断言盖奇"身体和精神功能已完全恢复"，因为当时的体检关注的是人们的感知、运动、推理、语言等功能，盖奇很好地通过了这些测验。在当时，科学家们认为大脑额叶对人并不重要，因为即使额叶有所损伤，但对人的运动、感知没有什么影响。

但是，盖奇很快显示出不一样的地方——他的行为和性格发生了巨大改变。他从一位睿智、实干、雷厉风行的工作伙伴变成一个犹豫不决、常常暴跳如雷、顽固任性的家伙。由于性格发生巨大改变，他无法胜任原来的工作。盖奇的这种变化可能是其古哺乳动物脑对应的边缘系统受损造成的。

这促使着科学家开始重视额叶的功能，随着对盖奇头骨的进一步研究，额叶的功能一步步被揭开。2012年，神经影像学专家杰克·范霍恩领导自己的团队再一次就铁棍砸进盖奇头骨的可能轨迹进行探究，并把盖奇大脑的"神经网络"与健康大脑相比较，支持了"神经元关于大脑功能十分关键，而神经元与神经元的连接同样关键"这个观点。

盖奇的这个经典案例向人们揭示出了大脑额叶与人格之间的关系。(Gerrig & Zimbardo,2015)

第四节　多元智能

一、案例与问题

何雅轩在小学的时候,是一个教师和同学眼中的奇怪女生。何雅轩很少在班级中发表意见,总是喜欢拿着一支笔画些什么,各科学习成绩都不太好。父母给何雅轩请了补习老师,几乎每门学科都请了,但是大量的金钱和时间花了下去,何雅轩也很努力,成绩却仍然不突出。

何雅轩高二时,在她和父母都觉得自己没有希望的时候,她们班新换的班主任(一位绘画爱好者)看到了她在语文书上的涂鸦,大吃一惊,带着她找到了学校美术教师进行咨询,之后建议何雅轩考虑走美术艺术生的路子参加高考。高三时,何雅轩以较高的专业成绩和不低的学科成绩考上了国内较好的一所美术学院。

二、知识

为什么要尊重学生的兴趣?——多元智能理论为我们提供了理论支撑。

20 世纪 80 年代,教育家霍华德·加德纳提出了多元智能理论。他通过对各行各业人们的心理进行分析研究,得出智能应该是人在特定情境中解决问题并有所创造的能力这一结论。多元智能理论的提出受到的主要启发是脑科学中的大脑功能分区理论,虽然现在的认知神经科学已经发现不同功能的实现需要调动全脑区中的不同部位共同完成任务,但是不同脑区有主要负责的功能这一结论仍然是成立的。比如说负责语言表达的第三额叶下回后部(布洛卡区),负责听懂语言的颞上回后部(威尔尼克区)等。但更重要的是不同脑区功能的组合导致了人们似乎拥有一些彼此独立的智能。

加德纳认为人类的智能可以划分为八个范畴。(如图 1.4 所示)虽然这些范畴对应的大脑功能区并不能完全确认,但是加德纳认为这些能力的出现与大脑发育、进化有关,也有特定的信息或符号基础,某一智能与另一智能的发展是相对独立的,能够通过实验心理学的任务将不同智能区分出来。因此,虽然多元智能理论中不同智能对应的脑结构仍在研究中,但是多元智能理论本身却被部分研究者视为脑科学发展过程中的重要贡献。(陈雪梅,2018)

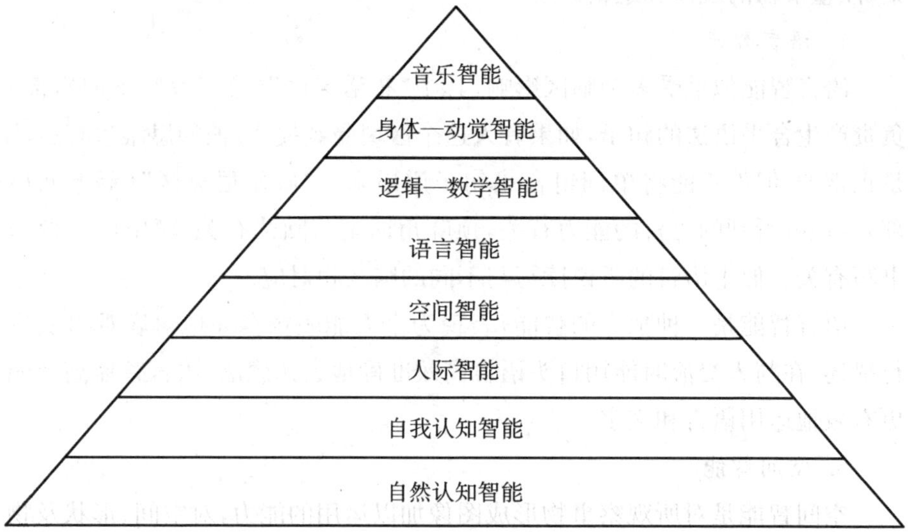

图 1.4　加德纳的多元智能理论

1. 音乐智能

音乐智能是对声音的辨别与韵律表达的能力。音乐本能是人类共有的,人在幼年时期就能感知音调,有随着音乐律动左右摇摆的能力,而指挥家、歌唱家等专业人员对音乐的操控能力更加出色。有证据表明音乐创作和感知是大脑右半球在起重要的作用,脑损伤会造成人的部分音乐能力丧失。

2. 身体—动觉智能

我们知道,一侧身体的运动由大脑另一侧的运动皮层来控制。身体—

动觉智能是通过身体来表示自己想法及表明自己感觉，乃至灵活地使用自己的双手制造事物的技能。举例来说，用舞蹈姿态来表达感情、用一系列精准动作使网球被击中、通过设计创造出模型等都是身体—动觉智能认知的体现。与身体—动觉智能有关的脑区包括小脑、大脑皮层中的运动区等。

3. 逻辑—数学智能

研究表明，顶叶的一些区域对应掌管数字计算的功能，额叶的一些区域对逻辑推理更重要。逻辑—数学智能在一些经常使用数字工作的人员身上尤为突出，他们思考时习惯用推理演绎的方式，遇到问题时通过实证找寻答案，注重事物的规律和逻辑。

4. 语言智能

语言智能似乎受多个脑区影响，其中“布洛卡区”（第三额叶下回后部）负责产生合乎语法的句子，如果有人这个区域受到损伤，他的思维过程虽然是正常的，但他不能将单词组合成句子说出来。“威尔尼克区”（颞上回后部）与理解听到的语言的能力有关，顶叶角回则与阅读有关，额中回后部与书写有关。似乎语言的听说读写与不同的脑区相对应。

语言智能是一种独立的智能，表现为个人能顺畅自如地对客观事实进行描述，在与人交流时能用口头语言高效准确地表达想法，语言智能高者能更有效地运用语言和文字。

5. 空间智能

空间智能是对所观察事物形成图像加以运用的能力，对空间、形状及物体关系等有较高的敏感性。空间智能在解决空间位置相关的问题时非常重要，在日常生活中，我们经常使用此种智能辨别方向。还有其他一些情况，比如想象物体的三维形状和一些视觉艺术展现等也需要用到空间智能。当前科学家对于空间能力的定位并没有完全确认，已有研究发现，可能与左侧内侧眶额皮层和大脑右侧海马有关。

6. 人际智能

人际智能是理解他人的情绪、性格、动机和意向的能力。这种能力对我们在日常生活及各种情境中了解他人、与他人共同协作时非常重要。人际智能的最高表现形式是能够发现他人未经表露的意向和期望，这种形式在一些教师和心理咨询师等高人际智能人员的身上有所体现。这种能力的脑区定位现在认为可能是在前额叶皮层。

7. 自我认知智能

自我认知智能是个体对自己内心世界的认知,表现为对自身性格类型、兴趣爱好等方面的认知,了解自己的情绪情感并体察这些情绪情感的变化。具有良好自我认知的人可以更好地理解自己、指导自己,逐渐建立并形成一套积极的、可行的、有效的行为模式来处理个人的问题。这种能力的脑区定位现在认为可能也在额叶皮层。

8. 自然认知智能

自然认知智能是指能够识别植物群和动物群,能够对自然界中各种物种分门别类,并且能够使用自然观察智力(如在打猎、农业、生物科学等领域)生产出有效产品的能力。这种智能也被称为博物学家智能,因为博物学家能够在看到植物、动物、山峦等自然生态时,根据它们在生态学中的位置加以区分。在人类进化史上,这种智能帮助我们辨认同类、躲避危险而生存下来。自然认知智能不只包括对自然界动植物的辨识能力,也包括在现代社会中从引擎声辨识汽车,在科学实验室中辨识新奇样式,以及艺术风格与生活模式的察觉等能力。这一智能是加德纳后来加入的一种智能,现在并没有确切的证据表明该智能的脑区定位。

三、教育教学建议

1. 评价多元化

长期以来,在唯成绩论的体系下,教师对学生的评价常侧重于对书本知识的考查,对其他智能的评测比较缺乏。因此,学生的情绪情感常常依据考试成绩而起伏:失意时怀疑自己,严重者否定自己甚至放弃自己。长此以往,学生的心理健康和生活满意度会受到影响。

教师和家长应学习和掌握必要的脑神经科学知识,认识到中小学生大脑神经网络联结及其功能仍然处于形成和发展之中,学习成绩就像学生的身体成长一样,不能一蹴而就,要帮助学生们经常梳理一段时间内的学习情况,积极寻找改善的方法。

根据不同情境探索多样化评价方式,评价的主体也可以多样化,比如加入学生对自我评价的"成长档案袋"和同学之间的互相评价等。学生评比和奖惩的依据不止聚焦在纸笔测试的排名上,要顺应学生的身心发展规律,促使学生全方位平衡发展。

2. 项目制学习

为使学生获得更多的实际生活经验和应对能力,教师们可以学习和参考多元智能理论。多元智能理论是一种关于"解决问题并有所创造"的能力理论,项目制学习是实践这种理论的操作方法之一。将这一理论应用于教学实践,也会在一定程度上促进学生们大脑神经的发育和成熟。

项目制学习分为三步。首先,由一名经验丰富的教师带队选定几名学生,组成一个活动小组,一个班可划分成若干个小组。其次,每个小组设定一个与主题有关的项目,主题的范围可以很广也可以很具体,比如"污水管理""宋代诗词家""太空飞船"等。在小组活动中,学生们按照主题取长补短地学习,从而掌握知识。学生在针对选定主题的探讨中,发挥想象力和创造力,完成成果主题报告。最终,每个小组在所有小组面前展示成果主题报告,由一名代表负责讲演报告的形成过程和主题表达的内容,接受教师和其他小组的检验和考核。这不仅可以锻炼团队协作能力,还能训练学生们的应激反应能力。

知识拓展

教学评价多样化

当一种智能动作限制了其他智能动作时,我们把这种现象称为"瓶颈效应"。这种效应大多表现为弱势智能抑制了强势智能。举个例子,某个人的语言智能比较弱,那么很可能带来的"瓶颈效应"就是他的语言能力抑制了人际交往智能,因为他不善于用语言来表达自己的思维想法,我们中小学教师在评价孩子时,也不能"以成绩论天下",陷入"瓶颈效应"中。

教学评价的主体需要多样化。评价不仅需要教师做出,也要有学生、家长和学校的参与,其中教师可以承担起主要责任。教师需要引导学生进行自我评价(如成长档案袋)和同伴评价,也要鼓励家长参与进来,正确理解纸笔测验的成绩,帮助教师进行课后访谈等其他评价方式。

教学评价的形式需要多样化。既要有结果性的评价,也要有过程性的评价;既要有量化的评价,也要有定性的评价。过程性的评价可以是写日记或心得体会、课堂观察、活动报告、单元小测的形式;结果性的评价可以是给予学生再次考试的机会,避免以一次考试评判学生一切。量化评价可以采取分等级而非分数的方式,也要加上定性的评价,比如学生的兴趣、进步和优点等。

下面以学生成长档案袋为例,详细介绍教师可以如何采用以学生为主体的评价方式,实现学生全方位平衡发展。学生成长档案袋由"portfolio"(文件袋)转译而来,最初用于艺术家们汇集及展示自己的代表性成果,现在用于教育领域来记录学生的作品和成就。学生成长档案袋的主要特征是由学生自己做决策者,学生可以为自己的档案袋封面设计个性化的图案,也可以自主选择放什么东西进去。教师可以规定档案袋的必选作品,如平时的作业本、课堂的小作品、考试卷等;也要留出自选作品的空间,如学生日记、个人绘画作品、团队成果、家长的信等。

通过多样化的教学评价,既能反映出学生的真实情况,激发学生的学习兴趣,帮助学生更加了解自己,也能让家长参与进来,促进家校合作,还能帮助教师合理安排教学进度,提高学校整体的教学成果。

第二章　认　　知

提到认知的发展，就一定要讲迄今为止最有影响力的儿童发展心理学家皮亚杰，他把认知发展划分为四个阶段（如图 2.1 所示）：

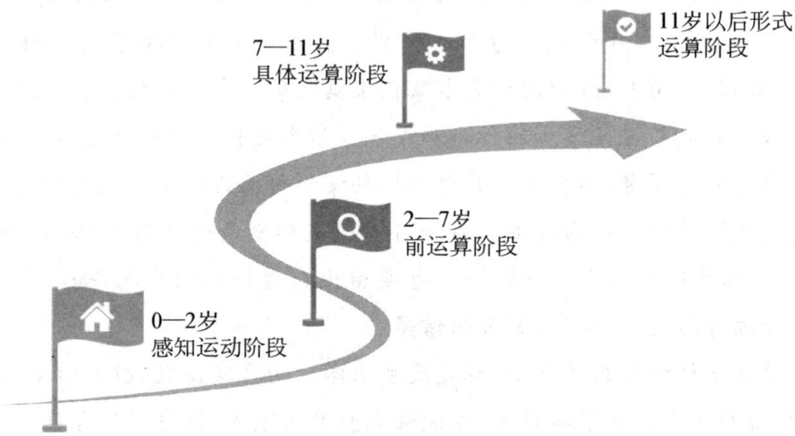

图 2.1　皮亚杰的认知发展阶段（见彩插）

文化及其他各种环境因素都会对孩子的认知发展产生影响，所有孩子都是按照上述顺序发展的。

第一阶段在 0—2 岁，婴儿用感觉和动作认识周围世界，是认知初步发展期。

第二阶段在 2—7 岁，儿童开始学习并渐渐能够运用符号表征事物。儿童在这一阶段（学前阶段）有很多认知上的局限，典型的两个特征就是片面性和自我中心。片面性指儿童此时的思维集中于事物的某一方面而忽视其他方面，皮亚杰的守恒实验就揭示了这一特点。随着年龄的增加，儿童将获得思维守恒能力，不再因为事物的形状、方向、位置等外部特征而改变对事物的认知，能够把握事物的本质，而不被表面的现象变化左右。自我中心是指儿童认为别人的思考应该与自己的思考方式一致，比如3岁的孩子在玩捉迷藏时，可能用枕头把自己的脸盖住，以为这样别人就看不见自己了。

守恒实验

数量守恒实验：皮亚杰拿出7个鸡蛋和7个杯子，将它们一一对应排列在桌上，此时儿童认为鸡蛋和杯子一样多。他又将杯子之间的间隔调远，使杯子的摆放队列延伸得更长，当他再次询问儿童时，儿童认为杯子比鸡蛋多。这个实验体现了数量的不守恒性。

质量守恒实验：皮亚杰用一块橡皮泥，先搓成了圆球形，然后在儿童面前把圆球搓成了一个长条，之后询问儿童橡皮泥有没有变多或变少。一部分儿童认为橡皮泥变少了，因为圆球看起来更大，而另一部分儿童觉得变多了，因为长条比较长。这个实验体现了质量的不守恒性。

容积守恒实验：皮亚杰让儿童看着他用玻璃杯装满了水，然后又将水倒入一个细细长长的量筒里。有的儿童觉得水变多了，因为量筒里的水变满了，有的则认为水变少了，因为玻璃杯更粗。这个实验体现了容积的不守恒性。

第三阶段在7—11岁，小学生在这个阶段的特征是主动且恰当地使用逻辑，这时学生们就可以克服片面性和自我中心的问题了。学生们在面临一个守恒问题时会运用认知和逻辑去思考，而不是受表象影响。而且学生们可以考虑到一个情境中的不同方面，开始具备了解他人观点的能力，而不是只想到从自己的角度看东西，即具有了去中心化的能力。当然，从第二阶段进入第三阶段也不是一蹴而就的，他们刚进入具体运算阶段时往往在两种思维方式之间来回转换，比如学生们正确回答出了守恒问题，却说不出为什么。

尽管在具体运算阶段中，学生的认知能力有了很大进步，但仍然存在局限性，学生只能在具体的物理事实上思考，不能理解真正抽象或假设的问题。

第四阶段在 11 岁以后，这时学生们的认知已经达到了较为成熟的水平，不再局限于真实的或可观察到的事物上，能够对没有现实基础的假设过程和事情进行逻辑推理。其主要表现为假设演绎推理和归纳推理，这是处于具体运算阶段的小学生不能具备的。（见表 2.1）

表 2.1　形式运算阶段的两种推理能力

能力	假设演绎推理	归纳推理
定义	假设演绎推理是指基于假设进行思维。小学低年级学生可以根据具体的事实而生成抽象的假设，他们不仅能思考“真正是什么”，还可以思考“可能是什么”。	归纳推理是指科学家所采用的一种思维方式，它往往是先生成假设，然后通过实验进行系统的检验。
举例	一道较为复杂的算术题“$2x+5=15$，那么 x 等于多少？” （这种问题无法用苹果、橘子等具体实物解决，只能用数字和字母）	钟摆问题：哪些因素影响了钟摆的摆动速度？是绳子的长度、物体的重量、推动物体的力，还是释放物体时的高度？ （解决这个问题的关键是区分四种因素，然后每次变化一个因素并保持其他因素恒定，逐一验证每个假设）

刚进入形式运算阶段的 11—13 岁学生往往还不能熟练地形成和检验假设，也许需要 3—4 年的时间才能达到系统推理水平，大多数人在 15—18 岁时都会有一些这种成熟智力的表现。不过，如果一个人没有机会学习某领域的知识并进行相关的推理练习，那么他在这方面的能力可能会落后。所以，在中学阶段，教师要明白学生已经具备了形式运算的能力，有意识地指引和帮助学生发现自己所授学科内的科学问题，鼓励学生自主或分小组设计实验，探索感兴趣的问题，如：豆芽的萌出受什么因素影响？怎样改变物体在水中的浮力？农村人口涌入城市的原因是什么？在这个过程中培养学生的科学思维，锻炼学生的形式运算能力。

认知过程是非常复杂的。例如，在课堂上，教师向同学们出了一道题：“如何向一位朋友描述一幅图片？如果你的朋友是盲人，你的描述会有怎样的变化?”这时课堂上听讲的同学肯定会启用多种认知加工方式,除了描述图片中视觉看到的颜色形状外,需要运用语言加工图片中呈现的信息,还可能和记忆中的某些情境或者情感联系起来,还可能用属于你认识的朋友的特别联络“密码”来编排,等等。

下面,我们从认知的六个方面——感觉和知觉、注意、记忆、思维、想象、言语(如图 2.2 所示),依次介绍每个方面扮演着什么角色。随着学生年龄增长,教师又应该怎样为学生提供适宜发展的环境。

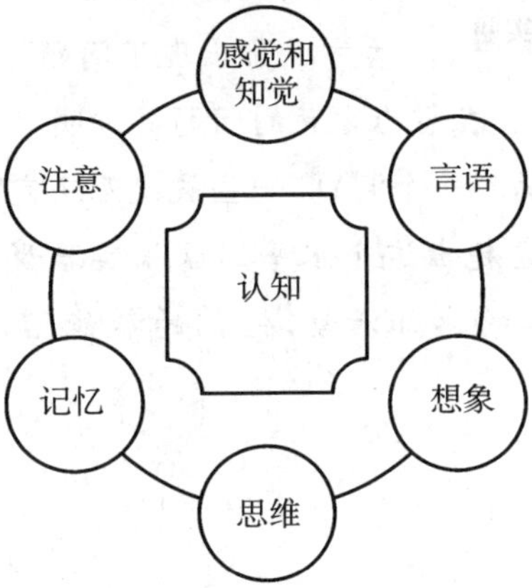

图 2.2 认知的六个方面

第一节 感觉和知觉

一、案例与问题

20 世纪 60 年代初,在加拿大心理学家赫布进行的“感觉剥夺”实验中,被试自愿待在一个特制的,不受光线、声音、气味等干扰的屋子里,他们的感官因而得不到任何刺激。实验者甚至还把他们肘部以下的手臂和膝盖以下部分都包裹了起来,以限制他们的触觉。在这样的状况下,被试可以 24 小

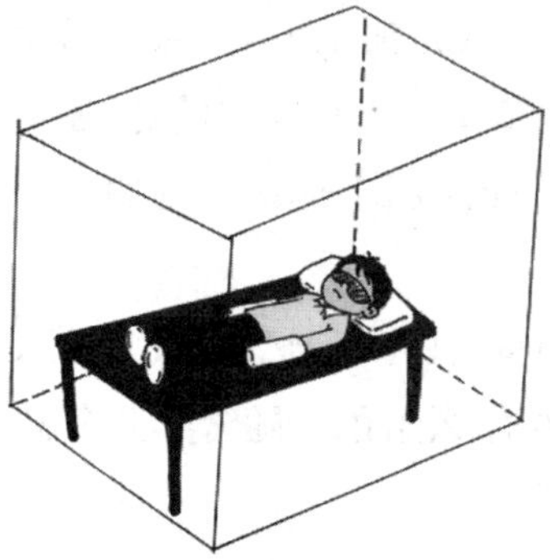

图 2.3 “感觉剥夺”实验

时都舒服地躺在床上，除吃饭和大小便以外，其他时间完全不需要活动。（如图 2.3 所示）一开始，大部分被试都很平静地休息或睡觉，但仅仅过了两三天他们便受够了这种枯燥乏味的环境，想要回归正常的生活之中。在实验进行了四天之后，被试们走出了这个小房间，并进行了一系列智力和行为的测试。

测试的结果显示，这些被试在动作和智力方面都出现了问题。他们不仅不能协调地活动，还会犯很多错误。在智力方面的问题更加明显，实验者让他们把小木棍在不碰壁的情况下插入一个洞口，一些被试无法完成这个简单的任务，即使他们原本的能力远远超出这个水平。这一实验说明了感知活动的重要性，当人无法进行基本的感知活动，他们的智能活动能力也会随之受到影响。

二、知识

1. 为什么给小学生上课要变换语音语调——感觉

小学生借助形状、颜色、声音来认识世界。这个世界有着多种多样时刻变换着的精彩事物，这些事物具备复杂多样的物理属性，比如光、声、色、味道、温度，小学生用自己的感官进行着各种探索。当小学生学会积极调用感觉器官时，也就能够将各种刺激反应给大脑，形成形状、颜色、声音、气味等各种感受，形成自己的感觉。人的感觉不是独立存在的，而是经常依附于人对具体事物的认识，比如黄色，它是花的颜色，也是香蕉的颜色等，这是某一事物的个别属性。感觉包括视觉、听觉、嗅觉、味觉、触觉和其他感觉。

小学生从感觉动作的活动中，获得基本的平衡感、方向感、垂直感、韵律感、距离感、快慢的感觉、轻重的控制，以及肢体的协调能力。这些能力与学习息息相关。比如，小学生在大的运动空间里缺乏方向感和距离感，在作业本的小格子里，也会控制不住方向，字写得歪歪扭扭。如果缺乏韵律感和对轻重的控制能力，他说话的语调和语速就和别人不同，朗读课文的时候就会没有节奏，唱歌也会很难听。

2. 为什么给小学生上课要准备多种实务道具——知觉

从进化的角度看，知觉比感觉高一个等级。只有有了感觉做基础，小学生才能健康地发展出知觉。例如，当我们看到一个杧果，是知觉让我们认出它是一个杧果。而杧果具有各个方面的特征，比如它的颜色、形状和具有代表性的气味，这些特征就是我们对于杧果的感觉，而只有整合了所有这些感觉，我们才能产生对杧果的认知。（彭聃龄，2012）

知觉主要体现在颜色视觉、空间知觉、时间知觉及观察力几个方面。小学生随着年龄的增长，视、听、运动觉都会随着外界刺激的不断扩充而迅速发展。特别要注意的是，小学生的感知觉很容易受到情绪的影响，如果在小学生情绪较差时强行要求，会影响小学生的感知准确性。

三、教育教学建议

1. 根据教学任务的性质，灵活运用各种直观方式

（1）实物直观。这是最直接的直观方式，根据课堂内容，教师可以使用实物教具让学生直接感知到某种事物。

（2）模象直观。教师通过使用教学模型等方式，让学生直接感知某件事物的模拟性形象。

（3）言语直观。教师可以用生动的语言来描述教学内容，强化学生对语言的语音和字形等特质形式的掌握，并加深对语义的理解能力。

2. 遵循感知规律，促进直观教学

（1）强度律。通过强烈刺激学生的感觉器官，提高学生的注意力。比如在讲课时，声音洪亮，语速适中，板书清晰，要让全班同学听得懂、看得见。

（2）差异律。与环境背景在颜色、形态、声音等方面的差别越大，这个对象就越容易被感知。

（3）活动律。当背景是静止状态时，活动中的对象会更容易被人注意到。

(4) 组合律。将多个刺激物在时间或空间上彼此接近，使其成为一个整体被感知。(彭聃龄，2012)

3. 教会学生观察方法，养成良好的观察习惯

(1) 确定观察的意义和目的。

(2) 提前做好观察的准备，制订计划并设计具体的实践方法。

(3) 对观察力较弱的学生提供帮助，比如有针对性的指导。

(4) 辅助并引导学生总结观察结果。

(5) 安排学生对观察结果进行讨论和汇报。(彭聃龄，2012)

第二节　注意力

一、案例与问题

图 2.4　注意力不能集中的阿郎

阿郎是一位 10 岁男生，在李老师的指导下学习英语和语文。阿郎书写英文字母很快但很潦草，汉字刚学完马上就会忘掉，朗读句子常将语词颠倒。阿郎的主要问题是，学习时注意力不能集中，容易粗心马虎。(如图 2.4 所示)

为了保证阿郎这类学生能集中注意力，老师们在课堂开场时要尽量设计能吸引学生注意力的活动，课上还要每隔几分钟就设计一个类似的教学环节。

这是为什么呢?

二、知识

教师给学生讲课时，学生眼睛看着教师，全神贯注地听教师讲课，说明学生就是在进行注意活动。当人把注意力集中在某一个特定的对象身上，

此时人就处在了注意状态。注意力在学习中起到最为重要的作用，是进行其他一切心理活动的前提。(彭聃龄，2012)

1. 为什么上课要减少无关刺激——有意注意和无意注意

有意注意是指我们做出的有目的的注意行为。而当我们无意识或无目的地注意身边发生的事情时，这种注意行为则是无意注意。比如，教师在课堂上讲课，突然教室的门被风吹开了，并发出了“嘎吱”的声音，原本专注听讲的学生循声将目光转向门，此时就产生了无意注意。

在课堂上，需要减少无关刺激带来的影响，如果学生的注意力被无意注意不断分散，就难以形成有效学习的心流状态。有些无意注意的引发因素是难以控制的，但是因教师而起的无意注意需要加以控制。例如，原本只有一位学生在开小差，大部分学生都在认真听讲，教师关注到了开小差的学生，然后以点名批评的方式进行批评，看似是在进行课堂管理，实则是将大部分学生的注意力从学习任务上引开。

2. 为什么要分环节教学——注意的稳定性

在人类注意发展的规律中，人们会先发展无意注意，然后再发展有意注意。在 3 岁之前，学生只具备无意注意的能力，而随着学生各方面的发展，有意注意才会慢慢发展，才会在认知活动中逐渐获得自主性，筛选自己需要注意的对象。

注意力的完善是一个长时间的过程，而注意力的稳定性也会随着学生的年龄增长而慢慢增强。研究结果表明，5—7 岁的小学低年级学生对同一对象集中注意力不超过 15 分钟；7—12 岁时，这一时间延长至 20 分钟左右；10—12 岁时延长至 25 分钟；而 12 岁以上的孩子则能够坚持注意同一事物 30 分钟左右。

教师可以根据中小学生年龄特点系统安排不同的教学模块。这也是为什么建议将一节 40—45 分钟的课堂划分为 3—5 个教学环节，不同环节采用不同的学习方式。教师通过教学环节和学习方式的转换，让学生能够切换注意力持续的方式和关注点，从而有效利用整堂课的时间。

3. 为什么在小学低年级要任务语言简单——注意的广度

从注意的广度来看，小学低年级的学生还不具备很强的注意力广度。

比如在学习加减法的时候,学生可以很快记住1—3位的数字,但更长的数字就很难记住并计算了。而到了成年阶段,注意力的广度将会提高很多,成年人一般都能够在十分之一秒内注意到4—6个没有任何联系的英文字母。这也是为什么向小学低年级的学生布置任务的时候,需要任务语言简单,每次布置的任务单一为好。这也是为什么在小学生课堂中呈现新线索时,需要一个一个地呈现,不能同时呈现多个新任务。

4. 为什么在小学低年级要逐一布置任务——注意的分配与转移

在小学时期,学生们分配及转移注意力的能力还十分薄弱,不能同时兼顾多项任务。例如,小学生在听课时就无法记笔记,一旦开始记笔记就很难听到教师当时讲的内容,因为学生还无法熟练支配自己的注意力。不仅如此,学生转移注意力的能力也比较差,在刚刚上完音乐课之后接着上古诗词课时,往往无法马上把注意力从唱歌转移到古诗上来,需要花上一段时间才能从之前在做的事情的兴奋感中脱离出来,投入下一个任务里。

这种情况通常会随着学生年龄的增长而减少,到了中学和大学时期,学生将具备基本完善的分配和转移注意力的能力,能够熟练地操作注意转移。

三、教育教学建议

1. 认知行为训练

(1) 训练有意注意能力。有意注意在日常生活中占主导地位,因为它能有效指引人们关注需要关注的事情,但与此同时,有意注意也比较难以做到,因为它要求人们有一定的目的并付出一定的意志努力。所以,培养目的感是培养学生有意注意能力的前提。当学生明确了自己的目的,才能积极主动地对相应的对象保持有意注意。在这一过程中,教师应对学生做得好的部分及时给予鼓励,如果学生做得不好,则需要让学生反省自己的问题并重做,让学生意识到注意力不集中所带来的后果。加强练习和训练,学生将能有效地进行有意注意行为,甚至那些平时粗心大意或者注意力不够集中的学生,也能够越来越好地完成教师分配的任务。

教师应注意,在分配任务时,不要一开始就给学生下达复杂的指令,而是培养学生从小事做起，随着学生能力的增长逐渐提高要求。

(2) 磨炼意志。人的意志力在其注意力的发展过程中起到重要作用，所以，提高意志力是注意力发展的一大保证。当教师针对意志力对学生进行训练时，可以运用奖励进行强化，鼓励好的行为并减少不良行为。对同一个行为的奖惩要始终保持一致，这样学生对某一种行为的好坏才能具有准确判断。所以，当学生取得进步时，教师应立即应用积极语言给予积极反馈，而当学生遇到负面情绪或学习困扰时，教师也应该及时进行心理支持和疏导。

2. 优化课堂教学内容

由于小学生注意力较弱，很容易因为无意注意而分散有意注意。好奇心重是这个时期学生的最大特点之一，学生正处在了解世界的关键时期，所以教师应该利用学生的这一特点，通过抓住学生的好奇心来引发学生对各学科内容的兴趣，以达到让学生在课堂内集中注意力的目的。此外，教师应着重引进贴近生活的内容，让学生觉得这些知识符合自己的需要，让学生更有兴趣地投入学习，从而在课堂上更加努力地集中注意力。

(1) 提出具体明确的目标。如果教师在每节课上都提出明确的学习任务，让学生明确自己的学习任务，学生就可以明确具体的目标并主动执行，就会集中注意力，实现较好的学习效果。

(2) 教学结构合理化，教学方式现代化。当学生认为一门课程的教学结构较为合理，并认同教师的教学方式(现代化、形象化等)时，学生就能更加开放地接受教师在课上所讲的内容。

(3) 重视信息反馈。当教师讲课太快或课程任务太难时，学生很难完全投入课程中，整体的教学质量会大打折扣。所以，教师应该遵循由浅入深的原则，根据学生的反馈，在学生可以接受的难度和速度水平上进行教学。教师也应该着重关注那些有注意力障碍的学生的需要，改善教学方法，让这些学生可以更好地接受自己讲解的内容。

3. 创造良好环境，防止学生注意分散

(1) 调整教室环境。一个好的学习环境包括最小化的环境干扰，并在亲近感和权威压迫感之中达到最佳平衡，而教师对于班级座位的安排应尽量满足这两点条件。因为小学生很容易受到无意注意的影响而分散注意力，教师应尽量消除环境中潜在的刺激物，隔绝不必要的干扰。当满足了这个条件，小学生就可以在安静的环境中学习，培养出更稳定和持久的注意力。

（2）良好的课堂环境。教师需要精心设计课堂中自己的语言表达，用生动幽默的方式启发学生的积极性，增强学生的注意力；也要善于发掘合适的课堂活动，为学生创造活跃的课堂氛围，增强学生的课堂参与感。另外，教师应该了解如何让学生从无意注意的状态转换成有意注意，让学生在良好的氛围中顺利进入学习状态。只有在好的班级氛围中，学生才能够听从教师并专注于课堂内容，所以班级和谐的大背景是学生学习进步的前提条件，只有当良好的氛围先形成了，学生才能真正地集中注意力，让教师的教学效果得到提升。

4. 调整情绪和精神状态

（1）保持良好精神状态。任何人在疲劳状况下都会难以集中精神。当学生精力充沛时，会更容易注意到需要注意的事物并维持注意力。所以，小学生尤其是注意力不集中的学生，应保持良好的作息习惯以达到增强注意力和提高学习效果的目的。

（2）注意休息，积极锻炼。适当的体育锻炼是提升学生情绪和精神状态的重要因素。在保证足够且优质的睡眠的基础上，学生应当积极投入体育活动，有计划地参与平衡木、摆积木、走迷宫、溜冰及各种球类活动等，培养学生看、听、问、触摸等能力，这些体育锻炼不仅能强健学生的体魄，还能活跃学生的神经系统，达到训练注意力的效果。当学生适应了在体育运动中大脑平衡各种感觉输入的体验，就能将这种能力运用在注意力的分配和转移上。

知识拓展

课堂上的幽默

众所周知，听一段相声或是看一段滑稽表演，总会让人捧腹大笑，还会令人记忆深刻。对于在课堂上的学生们来说，知识有时是枯燥的，课堂上长时间紧张的氛围，会使人的注意力分散，学习效率随之下降。那么，如何增强学生的学习积极性,就是教育工作者的课题。从心理学角度来说,学习积极性的调动,就是要增强他们的兴趣和注意力,以及提升学生的自信心。这就需要教师通过风趣幽默、真诚宽容的语言和富有个性、积极活泼的肢体动作来实现。

心理学家皮亚杰说过:"所有智力方面的工作都要依赖于兴趣。"兴趣是最好的老师,活跃而幽默的课堂气氛和教师独特的人格魅力,能赢得学生的喜爱、依赖和敬佩,从而对学习产生浓厚的兴趣,加深学生对知识的记忆,有助于提高学习效率。不仅如此,对学生们来说,这些课堂上的精彩瞬间,还会令他们终生难忘。

1. 概括大意编顺口溜

把知识点编成顺口溜,风趣好记又实用,启迪学生的智慧,培养学生归纳总结与丰富拓展的能力。

2. 诗意课堂

教师可以把讲台当作舞台,犹如艺术家般展现自己的才艺与魅力,让学生们从中获得感动。

3. 构建和谐健康亲切的师生关系

教师可用当下学生间流行的网络用语或游戏用语来讲解知识点,拉近与学生之间的关系。这样,学生在接纳教师的同时也更深入地记住了教师所讲的内容。

4. 巧用游戏活跃气氛

如讲"鸡兔同笼"时,请学生们扮演兔子或鸡,让学生在游戏中学习。

因此,教师要充分运用心理学的方法技巧,丰富教学手段,不断提升教学质量。

第三节　记忆力

一、案例与问题

鹏鹏是个聪明又活泼的孩子。鹏鹏的数学成绩很好,但语文课很令他头痛。鹏鹏最怕老师留的作业就是背课文，如果是古诗还好一些，押韵好记，而大段的课文就真的很难背了。为此，在家里背书的时候，鹏鹏越背越急，越想快就越背不下来，磕磕绊绊地记住一些就放弃了。第二天，老师总是会一个一个地检查，每次他都很紧张，恨不得找个地缝钻进去，最后还是在同学们面前出丑了。所以，鹏鹏越来越不爱上语文课了。

二、知识

1. 为什么要科学地安排复习时间——记忆的遗忘曲线

鹏鹏的问题主要在于记不住课文，对于基础教育阶段的孩子来说，大部分知识点都是需要记住的，记忆能力在其中扮演着关键的角色。

对记忆的研究始于德国心理学家艾宾浩斯，他通过对无意义音节的识记来探究记忆的规律。他发现学习到的新知识如果不进行复习，会随着时间逐渐遗忘，尤其是一开始遗忘得最快，后面的遗忘速度逐渐平缓。（如图2.5所示）

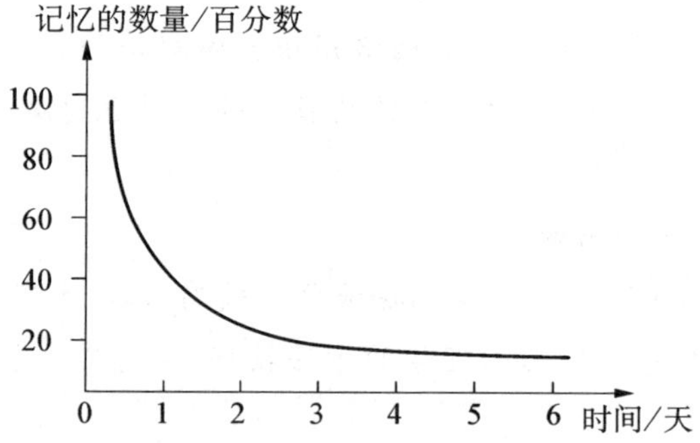

图2.5　艾宾浩斯的遗忘曲线

2. 为什么需要关注学生学习时的当前状态——短时记忆容量

根据记忆能保留的时间长度，记忆可以分为三种：感觉记忆、短时记忆和长时记忆。

（1）感觉记忆是指瞬间的记忆，很快便会遗忘，好比是来自外部环境信息的临时停靠站，但是能记忆的容量很大，比如你眼睛捕获的大量视觉信息可以短暂地在记忆中停留。

(2) 第二种记忆是短时记忆，它能保留稍长的时间，约30秒，这些信息可以被有意识地保存着，经过一定的处理可以转入长时记忆。比如电话里听别人读一个手机号码，然后把它写在纸上。短时记忆的容量是有限的，大概是7±2个信息单位，如果是数字的话也就是5—9个数字。

(3) 短时记忆中的一部分可以转换为长时记忆，信息在这里可以长期保留，所以我们经常能够想起来小时候发生的事情。长时记忆按照内容的不同可以分为情境性记忆和语义性记忆。情境性记忆是指人的亲身经历，比如某天某个时候和某人在做什么事；而语义性记忆则是一些知识性的东西，比如你能轻松背出乘法口诀、讲出几个省份的名字。

短时记忆的记忆容量限制着每一个当下能加工的材料的多少。所以，如果一个学生因为家里的事情而担心，或是因为之前教师的批评，或是还在想之前的题目，那么有效的短时记忆容量就会让这个学生并不能加工新的知识，即完全没有学习。

3. 为什么反对死记硬背——长时记忆的编码、存储和提取

人们要将短时记忆中的内容转入长时记忆，并随时调用长时记忆中的内容用于当下的加工，包括三个相互联系的阶段：编码、存储和提取。编码是记忆的第一个阶段，通过编码个体可以将所见、所闻、所想或所感的事情转换成记忆。记忆编码可以在深浅不同的水平上进行，深编码的信息要比浅编码的信息记得更牢固。比如背诵诗词时，若能同时了解诗词的作者、写作背景及其含义，其信息编码就要比单纯背诵具有更深层的加工。记忆的第二个阶段是存储，也就是对编码的信息的保持。最后一个阶段是提取，也就是把存储的信息提取出来利用。如果提取时候的条件与编码时候的条件类似，那么回忆的效果会更好。仍以背诵诗词为例，即便是在浅加工机械式背诵的情况下，只要回忆时能够连带着想起背诵时的情景，情景线索就会帮助你的回忆，更何况，如果进行的是深加工背诵，回忆的线索会更加丰富，自然回忆也会更为容易、更为准确。记忆的这三个阶段可以不断循环，提取分析后可以再进行编码、存储，以备后续使用。(如图2.6所示)

刚进入小学的学生(6—7岁)开始有意识记，他们主动地、有意识地控

图 2.6 记忆的三个阶段

制和监督自己的记忆行为，对学习材料进行初级整理，有意识记的效果明显强于无意识记。同时记忆对刚入学学生的学习和心理发展有重要影响。

在中学阶段，学生的记忆能力变得成熟，可以根据不同的学习目的合理规划记忆活动。在这一阶段，学生摒弃了机械识记的记忆方法，而是通过意义识记来更加有效地记忆教材内容。学生力求理解教材的内容和内在联系，主动抓住主题，分出重点，并找出它们之间的关系。学生对于一些需要机械识记的材料(如历史年代、外语生词、科学术语等)也能试图运用意义来识记。

学生的主要记忆策略包括如下几种。

(1) 复诵策略。通过重复阅读或朗诵特定的信息，学生有意识地将注意力集中在学习资料上，并在大脑中重复这些信息产生的刺激。复诵是最基础的记忆策略，随着学生年龄的增长而逐渐加强。

(2) 组织策略。运用组织策略时，学生按照学习内容之间的内在联系对知识进行分类和整合，让自己的知识系统具有更强的结构性。这种对知识内在联系的归类，可以根据概念、功能、图形等各种标准来衡定。

相比复诵策略，组织策略对学生的学习能力要求更高，小学低年级的学生仍不具备这种能力，而小学中年级学生需要在教师的指导下使用这一策略，直到小学高年级，大部分学生才能自发地运用这种组织策略。

(3) 系统化策略。通过对学习材料中的各种信息进行加工和整合，学生可以提取出各种学习内容之间的相关性，并按照其中的体系关系整理出一套具有条理性的知识系统，达到帮助记忆的作用。

(4) 巧妙加工策略。对于原本没有任何意义联系的信息，学生可以通过联想、谐音、拆分、重组等方式加工这些信息和内容，让自己在学习之前对内容产生附加意义。这种策略常用于对本身无意义的内容的记忆，比如电话号码、英语单词、易混易错的汉字等等。(彭聃龄，2012)

三、教育教学建议

如何提高学生对知识的记忆？下面列举了四个对策。

1. 注重理解

要想让学生记住某些知识，教师应尽量帮助学生进行深度的理解和加工。比如，数学课上需要认识不同形状的三角形和矩形，给学生充足的时间亲手摆弄不同形状的三角形，学生就会努力对比、区分这些三角形的相同之处和不同之处。在反复的比较学习中，学生就会认识并记住这些三角形，分析、归纳和总结的能力也得到了训练。再比如，学习关于身体的新单词时，我们可以让学生们指着鼻子读出来"nose"；学习关于人的形容词时，我们可以问："energetic 这个词可以用来描述自己吗？可以用来描述谁呢？"这样的教学虽然可能会花费更多的时间，但却能充分引起学生的注意，学生可以在简单的识记基础上有更深的理解，记忆的质量也会更高，后续的练习与复习中就能节省时间了。

2. 不断重复

根据艾宾浩斯的遗忘曲线，人们记住的东西在第二天会忘掉一大部分，如果不及时复习，学习的效果是很差的。那么，教师在课程安排上就要遵循这个记忆规律，在学习新知识的第二天一定要安排复习时间，不断巩固已学知识才能有效地将其保存在记忆里。对于小学高年级学生及中学生，在学习完一个单元或者学习告一段落后，教师可以给学生布置一个自主作业，由学生自行对所学知识进行总结，查漏补缺，形成自己的知识体系。

3. 选择合适的时间

很多人认为早晨是记忆力最强的时候，这时候背单词或者课文的效率是最高的，但其实不一定。美国圣约翰大学的里塔·邓(Rita Dunn)和肯尼斯·邓(Kenneth Dunn)教授通过实验发现，有些人记忆的最佳时段在早晨，有些人在下午，有些人在晚上，还有些人没有特殊的偏好。(Dunn, Dunn, Primavera, Sinatra & Virostko, 1987)也就是说，只要找到适合自己的记忆时段就可以，没有必要要求所有学生在同一个时间段进行记忆活动。记忆的提取编码模型还提供给学生一个考试复习的小技巧，如果考试时间是在上午，复习记忆的时间也安排在上午，编码与提取的条件一致，那么回忆会更容易一些。

4. 记忆术

一些记忆术能帮助学生更快完成记忆，不妨在备课中勤加思考加以运用。比如用形状记忆法记忆较长的无规律数字："1"像一支笔，"2"像一只鸭子，"3"像耳朵，"4"像一面小旗子……圆周率小数点后的数字就可以用该方法来记忆。还有连锁记忆法，把知识点有机整合改编为口诀、歌谣等朗朗上口的段子，学生在玩笑之余就能轻松记住。（Geiselman & Glenny，1977）

知识拓展

经典房屋记忆法

这种记忆方法就是能在有限时间内，记住大批琐碎的、毫不相关的对象。首先，你需要选取一间熟悉的房子，必须是你熟悉的，你自己的房间最佳，也可以是你时常去的场所，内部有沙发、茶几、冰箱、洗衣机、电视机等多种家具家电。其次，最重要的一步是，你需要把你将记忆的对象和这房子里陈列的家具家电逐一对照，确定特殊关联。比如，你想要记住课堂中学习的数学公式：

路程计算　速度×时间＝路程　路程÷速度＝时间
路程÷时间＝速度

价格计算　单价×数量＝总价　总价÷单价＝数量
总价÷数量＝单价

效率计算　工作效率×工作时间＝工作总量
工作总量÷工作效率＝工作时间
工作总量÷工作时间＝工作效率

面积公式　长方形的面积＝长×宽　$S=ab$
周长＝（长＋宽）×2　$C=2(a+b)$

联想路程计算公式，你从学校回家的距离，用走路或者坐车不同方式回家的时间是不同的。进门脱鞋并将鞋放进鞋柜联想到价格计算公式，多少双鞋，每双价格及总价的计算。钟表和时间相关的效率计算公式联系起来，作业总量一定的话写作业写得快可以看一会电视，写得慢就没得看。说到电视，可以联系起长方形面积公式，同时与长方形周长计算联系记忆。建立好这些特定的联系，你需要复习，熟练后回忆你设置的屋子里有什么摆设，根据摆设提供的线索联系出来你要记住的公式。

现在让我们来回顾一下我们的记忆线索吧，我们推开门想起路程计算公式，移动到鞋柜想起价格计算公式。屋里还有什么？钟表——效率计算公式，电视——长方形面积公式和周长计算。就是这样完成了一个记忆连接。

第四节 思维的发展

一、案例与问题

小凯 6 岁进入小学时，对一切充满好奇。小学的学习生活与幼儿园完全不同，新的学习生活让小凯觉得新鲜，但也给小凯带来了挑战，数学课上，小凯不能很快计算出加减法的结果，要数着手指或借助其他实物的帮助才能得出答案，这令他有些苦恼，也让家长焦急万分……

小凯 7 岁时，当初刚入小学时的苦恼已不存在。小凯已能够轻松快速地口算出加减法，而且不需要实物的辅助。小凯的逻辑推理能力开始萌芽……

12 岁时，小凯的逻辑推理能力已经发展得比较成熟，开始有逻辑地思考问题，并开始质疑老师及家人的说法，此时的他已有了独立思考的能力……

二、知识

1. 为什么对学生需要实物举例——思维的发展

四年级时(约 10—11 岁)，一般被认为是学生逻辑思维发展最快速也是最重要的阶段，学生在这一时期完成从具体形象思维向抽象思维的过渡。但在这个年龄段之前，学生只能在感知的条件下进行分析和综合，例如，小学低年级学生学习计算，总是用手指或实物来进行，还不能脱离实物在头脑中进行分析和综合。而小学中、高年级学生已能进行基本的抽象分析和综合。

学生在面对不同学科的学习内容时会体现出不同的思维模式。例如，学生在数学学习中可以进行抽象思考，但在历史学习中却只能进行具体形象思考。图 2.7 展示了小学生概括能力、词语概念和推理能力三方面的发展过程：

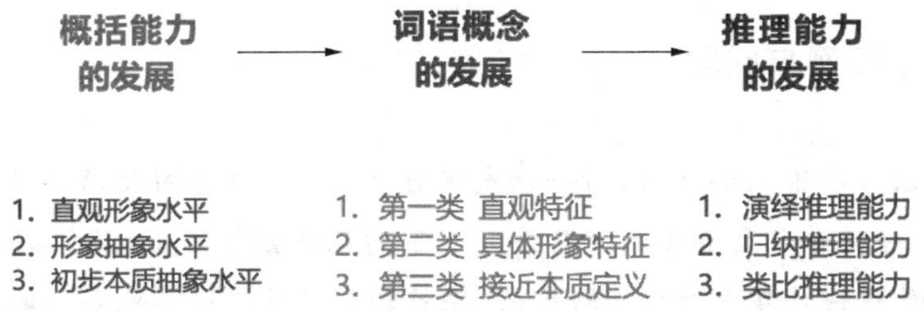

图 2.7 小学生思维的发展过程

小学生概括能力的发展体现在从对事物外部特征的概括到对其本质属性的概括的过渡。这一过程分为三个阶段。

(1) 直观形象水平。在概括时，小学低年级学生通常只能描述事物的具体形象。比如，当概括“鸟”的特征时，学生们大多认为能飞的动物都是鸟。

(2) 形象抽象水平。在这一阶段，学生可以做出融合直观的外部形象和内部的本质特征的概括。随着学生年龄的增加，对外部描述的成分逐渐减小，而对内在特征描述的成分同时增大。处在这一概括水平的学生正在完成从形象到抽象的过渡，这种过渡主要体现在小学中、低年级学生身上。

(3) 初步本质抽象水平。步入小学高年级的学生具备了初步的科学概括能力，能够在事物中寻找到内在联系并对这些特征和属性进行概括。比如，对于“鸟”的理解，这个阶段的学生已经不限于简单的“会飞”这样的表面特征，还可以说出鸟是脊椎动物的一种以及靠下蛋延续后代等本质内容。

2. 为什么对学生需要分步讲解词语——词语概念的发展

大脑用言语听觉、抽象概念等方式对信息进行加工，表现出的一种形式就是语词概念。与概括能力相关，小学生掌握语词概念的发展趋势从以下三个种类来解读。

(1) 掌握的概念。以“直观特征”来解释，比如说低年级学生认为“水——海洋里的水，野兽——在森林里会伤害人的”。概念发展的总体趋势随着年级的升高，学生会逐步从事物的直观属性中解放出来。

(2) 功用性和具体形象特征描述。比如说低年级学生认为“水——能喝的”，该阶段学生掌握的概念种类越来越多，如数概念、空间方位概念、自然概念等。这是一个重要的发展过渡阶段。

(3) 接近本质定义。比如说低年级学生认为“水——会流动的、无色无味透明的液体，野兽——四只脚行走的野生动物”。这时的学生不仅能对特定的概念不断充实和完善，更能对自己的概念系统做出更全面的掌控。

3. 为什么学生爱“以偏概全”——推理能力的发展

推理是利用一个或多个判断做出一个新的判断的思维过程。在小学期间，学生的间接推理能力高速发展，这种发展主要体现在演绎推理、归纳推理和类比推理三个方面。

(1) 演绎推理能力的发展。演绎推理的最典型方法是三段论法，比如“画家都是艺术家，徐悲鸿是画家，所以徐悲鸿是艺术家”，这是一个从普遍到个别的推理方法。小学生演绎推理能力包括三个发展阶段：第一个阶段是运用概念对直接感知到的事实进行简单的演绎推理；第二个阶段是能够对通过言语表述的事实进行演绎推理；第三个阶段是能自觉地运用演绎推理，解决抽象问题，即根据命题中的大前提和小前提，正确地推出结论。

小学生随着年龄的增长逐步习得演绎推理能力,低年级学生中仅有39%左右具备这种能力,而大约58%的中年级学生和81%的高年级学生可以做出演绎推理。由此可见,在小学期间,小学低年级学生可以完成从初步体现到基本具有逻辑推理能力的发展过渡。

(2) 归纳推理能力的发展。这种推理体现在从个别推断出普遍的能力。在一项研究中,实验者要求学生把"五一我们去北海公园玩""六一你们去景山公园玩""十一他们去颐和园公园玩"这三句话归纳为一句,这需要学生同时对三个意义单位进行归纳总结。研究结果表明,约50%的低年级学生、60%的中年级学生和80%的高年级学生可以正确归纳句子,体现出了归纳推理能力在小学期间的发展趋势。

(3) 类比推理能力的发展。类比推理是演绎和归纳两种推理方法的综合体,它包含了先从个别到普遍,再从普遍到个别的较为复杂的推理过程。在类比推理中,学生需要先确定两个对象之间的关系,再判断出同样具有这种关系的另外两个事物。在小学期间,类比推理发展的速度随着年级的增长而加快,但从整体上来看,小学生的类比推理发展水平均低于演绎和归纳推理的发展水平。

4. 为什么对小学低年级学生需要拆解问题讲解——问题解决能力

问题解决是指在问题空间内进行搜索,寻找最佳解决途径,使问题从初始状态达到目标状态的思维过程。例如,数学应用题就是典型的问题解决过程。应用题中的已知条件和目标结果就是问题解决中的初始状态和目标状态,而为了达成问题解决这一目标,学生需要合理利用已知条件进行一系列认知操作。如果学生的操作是正确的,则目标状态可以成功达到,问题就得以解决了。

问题解决一般分为以下四个步骤:发现问题—分析问题—提出假设—检验假设。

其一,发现问题。发现问题是指意识到生活中的矛盾或没解决的问题。这是问题解决的第一步,也是最关键的一步。

其二,分析问题。明确问题的性质、确定现在具备的条件和想达到的结果。

其三，提出假设。提出假设是在分析问题的基础上提出一种或多种可能的解决方案。

其四，检验假设。需要对解决方案进行检验，常用的检验方法包括实践检验和心智活动推理。实践检验即通过实行假定方案的方式进行检验，如果问题得以解决，则证明假设正确。心智活动推理指运用自己的思维进行推理，如果假设在符合逻辑的条件下能够成功推理出目标结果，则问题初步解决。

在解决问题时，决定效率的重要因素就是策略的选取。虽然每个问题都可以通过多种方法来解决，好的策略能很大程度上提升问题解决的效率。例如“1＋2＋3＋4＋5＋6＋7＋8＋9＋10＝?”这一问题，虽然也可以按顺序进行计算，但这样的运算不仅效率低，而且容易出现失误。这时候，如果采用“凑 11”的方法，就可以快速并准确得出答案。

中小学教师帮助学生提高问题解决能力，可用如下几种方式。

(1) 手段—目的分析法。这是最基础的解决问题方法，它指将一个问题的终极目标划分为若干个子目标，并通过逐个实现这些子目标来达到最终的目标。它的基本步骤如图 2.8 所示：

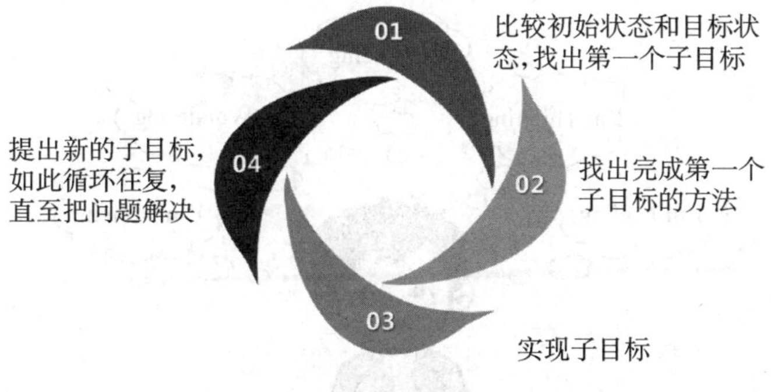

图 2.8 手段—目的分析法的基本步骤

手段—目的分析法是一种不断减少当前状态与目标状态之间的差别而逐步前进的策略，它适用于解决简单和复杂的问题，具有很高的应用价值。

(2) 逆向搜索。逆向搜索指从目标状态出发，向初始状态方向逆向搜索合适的方法的问题解决策略。比如，当出发前往某个地点时，人们通常先在地图上找到目的地,再从目的地开始找到一条通向目前所在地的路线。逆向搜索在生活中应用并不广泛,它更适用于从初始状态到目标状态的实现路径较少的情况,几何问题就是典型的适用于逆向搜索策略的问题。例如,已知长方形 $ABCD$,求证对角线 $AC=BD$。运用逆向搜索解决这一问题的思路是:

要证明 $AC=BD$,必须先证明 $\triangle ACD \cong \triangle BDC$;

要证明两个三角形为全等三角形,必须证明 $\angle ADC=\angle BCD$,$AD=BC$,$CD=DC$。

由于已知 $ABCD$ 为长方形,这些条件都满足,所以 $AC=BD$。

(3) 爬山法。爬山法和手段—目的分析法的整体解题思路比较相似,是从初始状态出发,一步一步减小自身和目标状态之间的距离的问题解决方法。因为在这个过程中,需要解题人一步一步爬上山,直到登上顶峰,所以这种解题方法被称作爬山法。

(4) 元认知。元认知又称反省认知、监控认知、超认知、反审认知等,就是对"认知"的认知。这个词可能有些拗口,但也容易理解,具体地说,就是关于自己在思维和学习过程中的意识和调节。(如图 2.9 所示)例如在教学中常常提到的"不仅要学习,还要知道如何学习",指的就是这种认知。

图 2.9　元认知

成熟的学习者能够一边学一边观察自己学的过程,这种观察帮助学习者认识到自己的问题在哪里,避免"不懂装懂"。当学生对自己的行为、认知及思考过程进行观察、感知和评价时，就是在动用学生的元认知能力。比如，有学生说“我觉得思维导图的学习方式更适合我，我会记得更牢！”这就是一种对学习的觉察与评价。这种能力对学生来说是非常重要的，它能让学生不断地反思、总结、成长，在下次遇到类似的问题时迅速解决。（彭聃龄，2012）

三、教育教学建议

1. 如何引导学生建立好的学习方式

（1）首先保证自己的元认知清晰。教师要知道对哪些信息进行编码才能得出正确的答案，或者掌握所学知识需要进行哪些思维操作。“打铁还需自身硬”，如果教师自己不具备这些知识，就很难知道学生为什么会出现失误或犯错，很难宽容学生，也很难帮助学生纠正错误或培养学生正确的思维方式了。

（2）指导学生学会反思的思维方式。教师可以指导学生重复练习某项技能，直到学生能熟练掌握并意识到自己在做这件事情时的思考方式，养成在学习过程中记录自己思维方式的习惯。教师也可以鼓励学生向别人请教：其他同学在完成任务的时候，思路是怎样的？然后与自己的方法进行比较。

（3）把策略迁移到其他场景中。简单地把策略教给学生，学生不一定就会使用。如果想让学生把这些策略迁移到其他情境中，而不只是在本次任务中使用，就要让学生理解，为什么这些策略能帮助自己达成目标，以及什么时候使用这些策略合适。教师可以通过提问或建议让学生回想学过的策略，鼓励学生保持使用策略并推广。

2. 如何在教学中提升学生的思维水平

对于学生的思维能力培养，可以从以下几个方面展开。

（1）发展学生的言语能力。发展小学低年级学生的言语能力是小学各科教学面临的主要课题。教师可通过多种途径让学生掌握更多的词汇，让语言成为学生在思考过程中的一个准确、得心应手的工具。

（2）丰富学生的感性经验。思维是一种高级的认知活动，它的全部素材都来源于人的感性经验，可以说思维建立于人的感知觉基础上。所以，帮助学生掌握丰富的、生动的感性知识是发展学生思维的必要条件。

（3）教给学生思考问题的方法。教师应帮助学生不仅擅于利用直观材料建构思维，也能借助逻辑推理来思考问题。

知识拓展

皮亚杰的道德思维发展四阶段论

皮亚杰利用对偶故事与儿童交流，激发儿童在道德认知上的矛盾，让儿童做出是非判断，来观察儿童的行为举止，考察儿童对原则的认识与运用，评估儿童的道德思维发展水平，提出了儿童的道德思维发展四阶段论，即无律道德阶段、他律道德阶段、自律道德阶段和公平公正阶段。

1. 无律道德阶段（0—3 岁）

这一阶段的儿童不遵守任何原则，他们完全是以自我为中心考虑问题的，他们的行为更易受外界环境所支配。这时儿童比较愿意接纳父母的要求，而小同伴的原则是不遵守的，因为此时的他们不理解原则是什么意思。

2. 他律道德阶段（4—7 岁）

对父母、教师的要求，这一阶段的儿童是不排斥而完全服从的。他们对一个人是好还是坏的判断是依据这个人行为的后果做出判断的。比方说，两个孩子在西餐厅去拿水果吃，第一个孩子打碎一个盘子，第二孩子打碎了五个盘子。他们会认为打碎五个盘子的孩子的行为更不好，而不会考虑是什么原因打碎的，是故意还是无意的。这一阶段的儿童判断某种行为是好是坏是具有绝对化偏向的。在他们的思维中，认为错了就一定要被惩罚。再比如，一个 6 岁的孩子偷拿家里 10 元钱去超市买糖，正跑向去往超市的路上，被一辆自行车碰倒，问他“自行车为什么会碰倒男孩呢？”他的回答是“因为这个男孩偷了家里钱”。在男孩看来，处罚不是更正他行为的目的，而是应得的报应。

3. 自律道德阶段（8—10 岁）

这一阶段的儿童的思维发展发生了很大变化，他们重新认识了原则，不再是墨守成规，而是可以相互协作的。他们对自己或他人的行为是好还是坏做判断的时候，主要是参照人们的行为动机进行判断。此时的儿童也逐渐学会了与同伴在相处过程中互帮互助。

4. 公平公正阶段(11—12 岁)

这一阶段，公平公正这一道德观念慢慢在儿童的思维中出现了。公平公正的观念不再仅仅是好与坏的单纯的原则，而是儿童之间真正的关爱与支持。也可以说，这个阶段的儿童可以依据原则来考虑同伴的主张。

第五节 想象力

一、案例与问题

心理学家卡尔·登克尔(Karl Duncker)于 1945 年发明了一个经典测试——蜡烛实验。如果你手里有一根蜡烛、一盒火柴和一盒图钉，你有办法把蜡烛点燃固定在墙上，并使蜡油不滴落在地上吗？这项实验挑战人们对于日常用品的思维定式，需要发挥想象力，想象物品的多种用途。

答案是，用火柴点燃蜡烛后，放在火柴盒里，然后用图钉把火柴盒固定在墙上。

为什么我们在阅读书籍故事时，头脑中会出现各种人物和情境的形象？为什么工程师能根据自己在建筑方面的知识经验，设计出建筑物的形象？为什么当我们看到北方冬季玻璃上的冰花时，就会觉得它像梅花、像树叶……

二、知识

1. 为什么要在教学中给予学生更多刺激元素——想象力的分类

想象是指人们在头脑中对已有的表象进行再造新形象的过程。分为有意想象和无意想象。(见表 2.2)

表 2.2 想象的分类

想象	分类
有意想象	再造想象、创造想象、理想与空想
无意想象	梦

有意想象是指事先有目的的想象。有意想象中,根据观察内容的新颖性、独立性和创造程度,又可分为再造想象、创造想象、理想与空想。

(1) 再造想象。根据别人的描述或图样,在头脑中形成新形象的过程。可以帮助学生获得更多的知识,将抽象的概念变得具体、生动和易于掌握。

(2) 创造想象。在没有描述或图样的前提下,在大脑中独立地产生新形象的过程。

(3) 理想与空想。理想是符合事物发展规律并可能实现的想象,而空想则是在毫无客观规律或事实根据的情形下出现的不可能实现的想象。

无意想象是指个体没有事先目的,而是在某些特定的环境刺激的影响下油然而生的想象。比如,在北方冬天的早上,当睁开眼睛看到玻璃窗上的冰花时,就感觉它和梅花一样,也似蝴蝶、鸟在飞一样等,这就是无意想象。而无意想象有一个极端形式,那就是梦。此外,想象有一种高端模式,即有事先目的的,在一定程度上又有意义的想象,它就是有意想象。有意想象中有一种是人类创造性活动不可缺少的心理成分,它就是创造想象。无论是科学创造、技术发明,还是文艺创作,都必须先在头脑中形成活动的最终或中间半成品的模型,也就是,没有进行创造想象,就难以完成创造性活动。

2. 为什么小学低年级的学生更天马行空——想象力发展的关键期

中国科普研究所科学教育团队曾在参考借鉴了威廉姆斯和托兰斯“创造思维测验”对想象力测度的内容与方法的基础上,最终形成了创造性想象测量表,对 2 万多名学生展开测量,获得我国 6—18 岁青少年儿童创造性想象力的发展状况。

测量结果表明:学生在小学 1—6 年级(小学阶段)创造性想象力的增长速度最快,7—9 年级(初中阶段)增长较为平缓,10—12 年级(高中阶段)保持在稳定状态。由此可见,小学是培养创造性想象力的黄金期。(林崇德,2009)

三、教育教学建议

1. 创设想象的气氛和环境，鼓励学生大胆想象

教师可以多给学生创造一些自由轻松、欢愉舒畅的情境，让学生在其中尽情地发挥想象。比如，教师在设置的情境中，与学生交流时，要尽量使用他们常用的词汇，这样可以拉近师生之间的距离……教师也可以在具体教学环节中，引导学生用心、详细地观察，做好比较与分析，总结经验。

2. 通过教学，丰富学生的知识面

教师不仅要传授学生课本上的知识，更应给学生拓展课本之外的知识，进而拓宽学生的知识视野，这会促使学生提高想象力。

3. 激发学生想象力，提高其语言表达的水平

当言语水平的发展到了特定程度，学生的想象就可从简单形象提升到具体符号的水平，从而变得十分宽阔、深入，越发具体且具有逻辑性。教师用语言描述事物时要尽量精美、准确、鲜活、明晰、形象化，这样既可以激发学生积极想象，也为学生树立了榜样，更能使学生体会到应如何运用语言来呈现想象。

4. 采取多种方式，实行想象练习

在每门课程的教学上，都可以根据具体学习内容，采取相应的方式，鼓励学生发挥自己的想象力。例如，在语文课堂上，学生根据课文内容自编故事或者阅读课外知识后，鼓励学生用自己的想象去创造作品；在音乐课上，学生可以听着音乐节奏，伴随着旋律在头脑中呈现出栩栩如生、活灵活现的画面等。

5. 积极引导学生的幻想

爱因斯坦曾说过："想象力远远比知识更为重要，由于知识是定量的，但是想象力具有丰富性，推动着社会的进步，而且也是知识演化的来源。"学生经常积极地幻想对提高学习成绩是有益的。但是，由于小学阶段尤其是小学低年级的孩子喜欢看动画片等，容易沉浸在幻想中。如果持续时间较长，学生的学习兴趣会逐渐下降。这需要教师在课堂上及时地采取灵验的方法，如故事赏析等，引导这些孩子正确面对现实生活，集中注意力来学习。

知识拓展

不可小觑的创造力

1. 众说纷纭的创造力

虽然创造力是一个人们经常挂在嘴边的词语，但在心理学上还没有一个被所有人接受的定义。在德国学者乌尔班(Urban)的定义中，创造力是“在解决某个指定问题时能创造新的、不寻常的和令人吃惊的产品的能力”。而我国心理学家林崇德教授和本书总主编陈虹教授都把创造力定义为根据一定目的，运用一切已知信息，产生出某种新颖、独特、有社会价值或个人价值的产品的智力品质。创新包含着“能思考出新颖而有效率的做事方法，包括创新思维、创新方法、创新实践、创新精神和信念等”。

发散思维是与创造力联系最紧密的概念，指对一个具体的问题产生许多可能的解决方法，特别是针对那些没有唯一正确答案的问题，比如“砖头可以用来做什么”。很显然，发散性的思维在创造性活动中起到了一定作用，比如画家需要探索用不同方式完成一幅画，作家需要创作一个新颖的小说结局或一首诗。面对一个问题，我们能产生的解决方式越多，其中一种解决方法的独特性就越大。

2. 影响创造力的因素

美国心理学家斯滕伯格把创造力的产生定义为智力、知识、思维风格、动机、人格和环境这6个不同但互相关联的领域的资源整合，这6个因素也影响着个人的创造力水平。(严孟帅，2015)

(1) 智力。智力的定义是重新定义问题的洞察力和对问题的分析力。斯滕伯格认为，虽然有创造力的人一定有高智商，但是有高智商并不意味着有创造力。

(2) 知识。知识的广度和对所需知识了解的深度是创造力发展的必要条件，但创造力并不一定与知识水平呈正比，在很多情况下，过多的知识会使人陷入思维定式，阻碍创造力的发展。

(3) 思维风格。研究发现，立法型的思维风格有助于创造力的发展。具有立法型思维的人通常会选择遵守自己制定的规则而不是盲目从众，这使创造力成为他们生活中经常用到的能力，所以具有这种思维风格的人往往能有创新的行为。

(4) 人格。对“大五人格”与创造性的研究发现，高创造力的人开放性更高。

(5) 动机。内在动机比外在动机更利于创造力的发展。

(6) 环境。创造力总是以某种产品或者某种理念等形式展现在人们的眼前。即使具备了其他五个元素，如果学生缺乏一个支持性的环境，学生也很难发展自己的创造力。在学校，良好的班级氛围和师生关系可以增强学生的好奇心和提出问题的积极性，这对学生开放性和创造性的发展有显著的积极效果。

3. 教学中发展创造力技巧

(1) 鼓励发散性思维。在课堂上，教师通常倾向于奖励“对”的回答而惩罚“错”的回答，这就会导致学生为了安全而不敢去尝试新颖独特的解决方法，或者想到了也不敢说出来。然而，创造性的产生需要承受一种认知上的风险，一个有想象力的思维跳跃，一个与标准答案不同的回答。教师应该小心呵护教室里不同的声音，甚至对创造性的回答给予鼓励和奖赏，而不是只支持正常、标准的答案。(如图 2.10 所示)

图 2.10 课堂里的“标准答案”

(2) 活跃课堂氛围。师生关系已经被确认为影响创造力的因素，良好的师生关系能创造更愉悦、融洽的课堂氛围。反之，在沉闷的课堂中，学生经常感受到恐惧，觉得自己不被教师信任，只能被动服从教师的指示。这样的环境会给学生带来心理上的压抑感，妨碍学生创造力的发展。在这样的班级氛围下，学生逐渐失去积极性，由于害怕教师的指责，学生们不敢创新，而是被动且盲目地听从安排，久而久之，学生创造的火花就逐渐熄灭了。

(3) 头脑风暴法。在课堂上解决比较难的问题时可以采用头脑风暴法。在明确问题后，几个人(可以是一个小组的同学)围坐在一起，在非常自由的状态下产生想法。任何想法都不应该被看作缺乏逻辑或不合适，大家不能进行任何方式的批评和指责。过程中产生的点子被记录下来，在活动后进行评价和筛选。在这种无评价的气氛中，学生都能使自己的思维在不受检查和责难的情况下表达出来，充分发挥自己的创造力。

第六节　言语习得与理解

一、案例与问题

王雷是一位品学兼优的学生，老师和同学都很喜欢他。可是令王雷自己和班主任着急的是，自己的学习成绩虽然在班级属于上等水平，但总是冲不到前几名。每每看到王雷的成绩单，班主任总是不停地摇头，王雷的语文和英语成绩总是不理想，在其他科目上分数还都挺高。

通过家访，班主任了解到，王雷小时候开口讲话比较晚，别的孩子 1 岁半或 2 岁就已经可以讲流利的句子了，可是王雷 2 岁的时候才开始说单词，长大后的王雷也不是很爱讲话，和同龄人相比，语言表达能力稍弱。

二、知识

1. 为什么有些学生会写但不会说——语言与言语的关系

语言是以语音为载体、以词为基本单位、以语法为构建的符号系统。而在此基础上，语言更是一种社会现象，让人能通过具有很强结构性的声音组合、书写符号、手势等方式进行信息传递。而言语指的是一个人在交际和活动中运用语言的过程。

语言是交际的工具。语言是一种社会现象,有较大的稳定性。言语是使用语言交际的过程。言语是人的心理现象,具有个体性和多变性。语言是言语的工具,言语离不开语言。语言在言语中产生并在言语中体现价值,语言也离不开言语。

2. 为什么在教学中要将内容分解——言语的习得与理解

言语的习得是指从生存发展的环境中自然而然得到,通过大量接触和使用,潜移默化地学会。比如,孩子获得母语能力,是一个自然而然的潜意识过程,并没有经过刻意的、按部就班的学习。它是一个极其复杂的过程,受多种因素影响。就如案例故事中的王雷同学,他可能在言语习得的过程中较同龄发展稍慢些。

言语的理解则是一个主动、积极的过程,它需要人借助所听到或所看到的语言材料,在自己的头脑中形成意义并进行理解。言语理解的能力分为三个水平。第一个水平是最基本的言语理解,即对词汇的理解,需要人们能根据听觉或视觉接收到的语音信息,在脑中对词义有所理解。第二个水平是对句子的理解,在完成最基本的词语识别和理解的基础上,要求人们分析一句话的各个组成部分的语法和语义,从而达成对句子整体的理解。第三个水平则是对语篇或话语的理解。这种理解既要以词和句子的理解为基础,还要进行推理、整合、提取意义等更为复杂的认知操作。

教师在教学过程中如遇到与王雷有相似情况的学生,需要对教学内容进行更为细致的分解,帮助其理解词语的、句式的、语义的以及语境的信息,增强其对理解过程中所涉及的各个方面因素的掌握和控制能力,逐步实现更为高阶和复杂的认知操作。

3. 为什么要运用多种教学手段进行文科教学——言语理解的过程

言语理解过程是一种积极的思维过程,是一种自下而上的加工和自上而下的加工相互作用的过程,是根据所获得的语言材料去建造意义的过程。

在识别一个客体时,把所看到的东西与存储的知识进行匹配,从周围的环境获取感觉信息,然后将这些信息发送给大脑以提取并加工相关信息,这就是自下而上的加工过程。比如学生学习一篇英文课文，是以单词理解为基础展开的，从每个单词中提取含义，再理解分析各个短语和从句意义，通过大脑加工综合所有信息达到对整篇英文课文的理解。自下而上的加工以经验事实为基础，它处理片段的信息，并将外界刺激的具体物理特征转换为抽象表征。

自上而下的加工牵涉过去知觉环境的经验、知识、动机和文化背景等。高级的心理过程在自上而下的加工中影响对事物的理解。比如学生在吵闹的教室环境中与同学沟通交流，他接收到的信息可能并不完整清晰，巨大的笑声或者谈话声盖过了部分对话，但这并不影响继续交流，因为自上而下的加工方式已经将丢失的对话补充完整并加以理解。而这整个过程其实是自下而上的加工和自上而下的加工相互作用的过程。在吵闹的环境中当学生努力想听清同学的谈话，既运用了自下而上的加工——努力辨别每个词语，也运用了自上而下的加工——努力把听到的内容与自己了解的某个话题进行匹配。（彭聃龄，2012）

三、教育教学建议

当学生尝试理解语言时，不仅依赖于对当前语言材料的正确分析，也需要利用自己过去的知识经验中对语言结构的把握来更好地理解所接收到的信息。如何提升学生对语言材料的最佳理解，使学生通过推理和建立材料内容之间的联系，而最终完善理解呢？

1. 拓展学生对词汇的识别与感知

学生对文字的使用频率、语音的作用、语境和语义有不同的感知。因为对词的再认不仅仅依赖于每个字词的客观样貌，更决定于学生脑中存储的对一个词的印象与经验。学习语文时，可从讲解字形与字义的关系入手，也可从字形结构推断其意思，比如"艹"代表与植物有关，"扌"代表与动作有关，还可以利用象形文字的特点学习字形结构。

2. 运用句法分析策略

在语文或者英语教学过程中，教师可以采取句法分析的方式来辅助学生把握句义。句法分析的常见策略包括如下几种。

(1) 标准句策略。在汉语和英语中,最普遍的一种句子结构就是"主语(名词)—谓语(动词)—宾语(名词)",所以教师可以通过划分各个结构来帮助学生理解句子,这种分析策略就是标准句策略。

(2) 最小依附策略。在理解句子时,人们容易采取最简便的依附原则来快速理解句子,比如,将动词后的名词直接看成这句话的宾语,虽然这种策略在大部分情况下可行,但也非常容易造成理解错误。比如,在理解"小明打了小红十分喜欢的一个阿姨"这句话时,如果根据最小依附策略,把小红理解成"打"的直接宾语,就会误解这句话的意思。

3. 促进学生的阅读与理解

尊重学生的个性化阅读,让学生多些机会接触文字,提高学生接触文字的惯性,培养学生对文字的兴趣。

(1) 图式与理解。重视语文知识的教学,丰富学生的图式网络。图式是每个人通过对知识和经验的积累,在自己脑中形成的知识网络。阅读理解的过程就是已有的图式被一些特殊的信息所具体化的过程。

(2) 语境作用。对语境的合理理解能帮助学生结合脑中已有的内容和阅读到的信息,形成对当前对话更完善的理解。语境不仅仅包括文字形式,也通过图画等形式呈现。教师在教学过程中应适当启发学生的思维,激活学生已有的图式。

(3) 推理作用。在话语已经给出的基础上,补充相关信息,可以让学生在句子的各个部分之间建立联系,更好地理解句意。教师应在日常教学活动中避免宽泛的语境,消除歧义。

作为教师,我们需要结合自下而上和自上而下两个方向的加工和作用,有效帮助学生实现从接收语言材料到理解和建造意义的转变。

4. 避免学生片面地从文字表面意义理解书面语言

有时学生在面对一些阅读材料时,单单从字词本身出发理解语言的含义,然而字词本身只是文本发出者表明其意图的一个渠道工具而已,相互作用的模式要求学生在文本的解读过程中积极加入自己掌握的信息。在加入自己积极的主观参与和解读的情况下才能理解作者的真正意图,否则就会出现阅读时单个的词语都认得，却不知道将它们联合起来之后整个句子或语篇的意义是什么。

我们在理解语言的时候要加上学生自身的主观知识。需要指出的一点是这些知识信息的加入并不是无限制、无前提地加入的。如果要正确理解作者通过文本所要表达的含义，学生应尽量从作者的角度理解写作意图，只有这样才能贴近作者表达的本真含义，否则就会歪曲文本作者的本来意图而变成理解者自我的主观臆测。

知识拓展

数学语言的转换

数学语言是表达数学思维的一种科学性很强的语言，是数量关系和空间关系语言的反映。数学语言分为文字语言、符号语言和图形语言，其中文字语言在数学概念、性质、定理等方面运用较多，图形语言具有直观、清晰等特点，符号语言简明但不容易理解。在数学教学中，经常出现学生对数学语言不理解的现象，针对这种现象，教师可借助数学语言之间的相互转换，达到提升学生数学理解能力的目的。

1. 在概念教学中学习语言转换

转换概念是数学的重要组成部分，是学习数学的基础。由于一些数学概念比较抽象难懂，学生只能死记硬背，从而严重影响了学习积极性。因此，在教授数学概念时，教师可通过语言转换这一策略，降低学生学习的难度，使学生真正理解和掌握所学的数学概念，提升数学概念教学的效率。例如，教学“百分数的意义”时，教师先通过课件向学生出示一组数据，让学生根据自己的知识经验，用数学语言来表述对“60%”的理解。在教师的鼓励下，有的学生先画出百格图，再用涂色的方式来表示 60%；有的学生则用线段图来表示 60%；有的学生用 10×1 的格子图来表示 60%……在学生根据自己的理解把文字语言转换成图形语言的基础上，教师提问：“60%表示的是哪两个量之间的关系？这两个量之间是什么关系？”最后，教师通过拓展学习这一环节，帮助学生深化对百分数的理解。这样的教学，不仅激发了学生的学习兴趣，而且使学生在多维解读中对百分数概念的理解和掌握更加扎实。学生间存在个体差异，所以在教授数学概念时，教师应根据学生的学情和认知特点，采用方便学生理解与接受的数学语言表达形式，引导学生真正理解所学的数学概念，提升学生的数学理解能力。

2. 在挖掘内涵中学习语言转换

从小学数学教材来看，数与图形、图形与几何等内容的教学需要运用语言转换这一策略。因此，数学教学中，教师可引导学生充分挖掘数学知识的内涵，通过语言转换这一策略，促进学生对所学数学知识的理解。例如，教学“因数和倍数”时，教师通过“奇数与偶数的和是奇数还是偶数”“奇数与奇数的和是奇数还是偶数”等问题展开教学，帮助学生顺利完成由旧知到新知的迁移。这些问题，学生可能一下子回答不出来，这时教师就可通过语言转换这一策略，引导学生探究和理解。如：

奇数＋偶数＝奇数？偶数？

奇数＋奇数＝奇数？偶数？

偶数＋偶数＝奇数？偶数？

学生大都能够通过举例来发表自己的见解，如用“3＋3”“7＋5”“1＋5”等算式来验证自己的结论是否正确。课堂教学中，教师也可以通过数形结合这一方法，帮助学生理解所学的数学概念。另外，对于一些抽象思维能力较强的学生，教师还可以鼓励他们用字母的形式来表示所学的数学概念，使学生在几种数学语言的综合运用中对所学知识的印象更加深刻。

数学教学中，教师应根据教学内容的特点，引领学生在深挖知识内涵中学习语言转换，培养学生思维的灵活性，提升数学教学效率。对学生进行指导，帮助学生完成语言转换，提高学生的数学理解能力。

第七节 阅读障碍

一、案例与问题

小旭是一名四年级男生，10 岁。小旭学习上的偏科情况很明显，数学成绩在班里居中等水平，就是语文成绩不好。平时小旭上课最怕老师点名读课文，因为他读起课文来很吃力，做作业也很慢，语文成绩在班里总是倒数。为此老师建议家长带小旭到医院进行检查。检查结果显示，小旭智商是108，神经系统没有任何问题。但问题出现在他阅读文字的速度非常慢，并难以分辨相仿的汉字和字母，所以在拼音和英语作业中都容易出现很多错误。最后，在详细检查之后，专家将小旭的情况诊断为阅读障碍，建议小旭进行认知神经的心理矫治。在专业人士的指导下进行训练后，小旭的阅读速度达到同龄人的正常水平。

二、知识

1. 为什么小旭的语文总是倒数——阅读障碍

孩子的阅读障碍主要体现为阅读或书写能力低下，明显达不到同年龄孩子的平均水平，也很难进行正常的阅读或书写。但这些状况并不是源于视力、听力、神经系统的障碍，而且这些个体在一般智力水平、生活环境和教育条件等方面与其他人也并没有差异。

2. 为什么有的学生错字连篇——阅读障碍的分类

阅读障碍在识字方面的表现是认字和记字困难，通常无法记住新的字或学过之后很快遗忘；很容易在字的细节上犯错误，错别字很多；容易搞混形似或音似的字，比如把“甲”和“由”弄混，把Q看成O；经常颠倒一个字里偏旁部首的位置。

阅读障碍在阅读方面的表现为，朗读时不严格按照字的顺序而是按照自己习惯的语序阅读，不适当地增字或跳字；阅读速度较慢，需要用手指辅助逐字阅读；写作文困难，而且内容简单枯燥，很难用语言表达自己想说的话；抄写和听写表现低于同龄人，速度慢而且容易出错。

阅读障碍在行为方面的表现为，不擅长归纳整理自己的学习用品和玩具；在做阅读类或需要写字的作业时很容易疲劳；掌握不好写字时的空间距离等。

3. 为什么要用不同方式纠正学生的阅读问题——阅读障碍的诱因

阅读障碍的产生有着生物学方面的因素。阅读涉及多个方面的心理功能，从看到文字开始，人们的视觉和用来分辨文字的记忆功能都参与了最初步的认字过程。与此同时，文字也与声音有着紧密的关联，即使当人们不出声朗读的时候，阅读也要求人们对字的声音做出反应，而只有当这个过程足够熟练时，人们才能够默读。接下来，人们需要能够对所看到文字的字形、字音和字义的关系有一个整体的把握，理解每个字词。以上三个步骤包含了对文字的音、形、义的整体理解，所以其中任意一部分的不足都会造成阅读能力的整体不足，出现对字词的认知和学习障碍。除此之外，有些人的阅读障碍是由大脑机能的问题产生的。研究发现，在有阅读障碍的孩子中，一些人在出生时有过产伤（孩子在出生过程中遭受的各种伤害），还有一些小学低年级学生因为是左利手，受到换右利手过程的影响。

导致阅读障碍的另一个主要因素是孩子的情绪。有阅读障碍的小学低年级学生经常被家长和教师误认为是贪玩和懒惰，所以常常受到大人的批评，被指责注意力不集中、学习不专心。长此以往，孩子不仅会觉得委屈，也会对自己产生负面认知，变得自卑和自弃，认为就算再努力也无法提高自己的学习能力和学习成果。

在案例中，小旭的阅读障碍就受到了情绪的影响，其变得胆小，而且产生了自卑情绪，对当众朗读产生抵触心理。在这样的情况下，学生的阅读能力就会因为缺乏练习而变得更差，陷入恶性循环。尤其是那些内心敏感的孩子，因为过于在意别人对自己的看法而在朗读课文时格外紧张、焦虑，生怕受到同学的嘲笑，导致这些学生无法自如地朗读。

教育方法也是影响学生阅读障碍的重要因素。阅读障碍的学生需要用科学的方法进行训练，而家长和教师如果只是一味地让孩子练习阅读或写字，则会使孩子感到很大的压力，对阅读写字更加厌烦，所以，不适当的教育方式反而会加剧学生的阅读障碍。（彭聃龄，2012）

三、教育教学建议

1. 确定学生是否存在阅读障碍

可利用阅读障碍筛查表确定学生是否存在阅读障碍。（见表 2.3）

表 2.3　阅读障碍筛查表

	表现	符合	不符合
1	记字困难，学过的字不会读或不会写，尤其是不会写。		
2	学习拼音困难，经常练习但总是不熟练。		
3	阅读速度慢，逐字阅读。		
4	不能复述一连串的声音或数字。		
5	读后不知意思。		
6	不爱朗读。		
7	读书易疲劳，只能坚持一会儿。		
8	同音字和形近字经常搞混。		
9	提笔忘字，口述作文明显好于写作文。		
10	学习英语发音极为困难，总是死记硬背单词字母。		

阅读障碍筛查表评分标准为“符合”给 1 分，“不符合”给 0 分，如果 3 分以下则无阅读障碍；如果得分 4—6 可能有阅读障碍，建议进行阅读障碍诊断；如果 6 分以上建议进行进一步的有关阅读、识字和认知诊断。

如果发现学生有阅读障碍，需要到专门的机构，由专业的人士进行诊断、矫治和训练。

2. 加强学生语言能力的训练

由于汉字本身的特点，阅读汉字可以提高大脑功能。因此，教师和家长可以通过一些训练加强孩子言语能力的发展。

（1）闪读汉字训练。根据左脑处理汉字，右脑处理图像的原理，找一些白色的硬纸板，在中间画一条线，在线的右侧写上要教学的汉字，在左侧附上与该汉字对应的图片，计算时间，以短于一秒的时间迅速呈现给学生，让学生认出并读出来。这是一种有效训练大脑的方法。

（2）儿歌巧记字。根据不同年龄段的学生认知水平，创造一些儿歌或字谜，其中融入有利于学生学习的汉字构字规律，让学生在趣味学习中对字形产生思考，提高学习效率。如儿歌“双人十四一心，‘德’字永记我心”。

（3）彩笔标注。在教学字形时，可以利用学生对鲜艳色彩的敏感度，让学生通过结合颜色和文字的方式加深对字形的印象。比如教学生写“鸟”字时，可以用彩色笔突出中间的点，让学生想象这一点就是鸟的眼睛，加深学生对“鸟”字中间一点的印象，使学生对这个字的字形产生深刻记忆。

知识拓展

“注意缺陷多动障碍”孩子与调皮、好动孩子有哪些不同

多动症是注意缺陷多动障碍(ADHD)的简称，主要表现为注意力不集中，情绪紊乱、容易冲动。多动症的学生学习效率较低，自我控制能力欠缺，伴有认知障碍。

一般而言，孩子的天性是天真活跃、灵活、调皮甚至好动的。当教师看到孩子上课爱讲话、搞小动作、注意力不集中、做作业时心不在焉或学习成绩欠佳时，会觉得这是个多动症学生。然而，相关统计研究显示，被认为是多动症的学生中只有 1/3 是真确的，而另外 2/3 是因为孩子贪玩导致的学习兴趣匮乏，也可能有别的精神问题。从本质上来说，调皮、好动的孩子与多动症学生的区别有以下几个方面。

1. 专注力和兴趣的关联

如果孩子患有多动症，那么他没有稳定兴趣，任何时候都不能专注地做一件事情，即便是普通孩子特别喜爱的拼图，或是最热衷看的动画片等，多动症孩子也不能集中注意力去做或看，因为他们的专注力是有缺损的。但调皮、好动的孩子却完全相反，他们能专心致志去做或看，而且此时特别不喜欢被打断，说明调皮、好动的孩子拥有完好无损的专注力。在课堂上听课或者课下写作业时，即便二者都是不能安静地完成学习任务，但是，患有多动症的孩子主要是因为专注力缺损，而调皮、好动的孩子则是因为贪玩而对学习无兴趣。所以，多动症的孩子应接受相关机构的治疗，而对于调皮、好动的孩子要加强对他们在学习兴趣上的培养。

2. 行动的连贯性

调皮、好动的孩子的多动往往带有一定的目的性，而且是自己有事先计划和布置的；但是，患有多动症的孩子其行动则常表现为冲动、混乱，有头无尾。

3. 自控力方面

调皮、好动的孩子在严肃或生疏的环境中，能够安分、守规，不大声喧哗，不乱打乱闹，具有很好的自我把持能力；但多动症的孩子却不具有控制能力，常在比较清静或严肃的场所也会出现一些出格的行为动作等。

4. 诊断性药物的使用

比如，给这两类孩子服用巴比妥类的药物后，调皮、好动的孩子很快就昏昏欲睡，可多动症的孩子却是越发兴奋、不安静。

5. 动作协调性

一般的孩子能够做敏捷、重复的动作，也可以麻利地轮换动作；可多动症的孩子不能灵活自如地展现各种动作，而且在动作连贯性和协调性方面表现得很缓慢。

第三章　自我管理

本章将介绍自我管理的特征。教师通过对中小学生自我评价、自我控制和归因方式等方面的了解，可以帮助学生建立有规则的生活，并对其生涯规划做有效指导。

第一节　自我意识

一、案例与问题

6岁的小明这样描述自己："我是小明，是光明小学一年级四班的学生，我喜欢跑步、游泳……"小明对自己的描述都是一些外部行为信息和依赖外部活动的运动技能。

而11岁的小兰则把自己描述为"我很聪明，关心同学，热爱动物……"

刚升入初中的王本，在自己的作文《迷茫的未来》中描述：我是一个刚进入中学的迷茫的男生，经过小升初的洗礼，我觉得自己已经能独当一面了。我本以为自己长大了，可是在学校里我们却成了小弟弟小妹妹，在高年级的学长面前，我还是像个无知的小孩。因此一见到高年级的学长我就会很紧张，我怕自己出丑还不自知。唉，现在总是有这样那样的烦心事搅得我心神不宁，完全没有曾经的自豪感和信心。是不是人越长大越烦恼呢？我还有机会成为那个预想的自己吗？

二、知识

1. 为什么不同年龄的学生对自己的描述不一样——自我概念

11 岁的小兰关于自己的描述是以心理特征、内部特质为基础的，比 6 岁的小明描述得更抽象。这种使用内部特质建构自我概念的能力源于学生逐渐增长的认知技能。不过，对于小学生来说，即使到了高年级，对自己的认识仍具有一定具体性和绝对性。

自我概念是一个人心中对自己的印象，包括对自己的存在，自己的性格、思想、态度、身体能力等各方面的整体认识。自我概念来源于个人的态度、信念和价值标准，是把一个人的各种习惯、能力、思想和情感组织串连在一起，并贯穿于个人经验和行为的、有组织的一种认知结构。

积极自我概念的养成是教育目标中的重要内容。自我概念的发展是学生社会性发展的核心组成部分。

当小学生被问到“你是谁?”低年级学生回答时往往提到姓名、年龄、性别、身体特征，而高年级学生则开始从品质、人际关系、动机等方面来描述自己。

进入中学后，学生个体描述自己的方式变得更加抽象和复杂，在内容和结构方面都有很大提升。

2. 为什么要关注中小学生的自我概念——自我概念的发展

(1) 自我概念从具体到概括，最后向抽象化发展。(如图 3.1 所示)

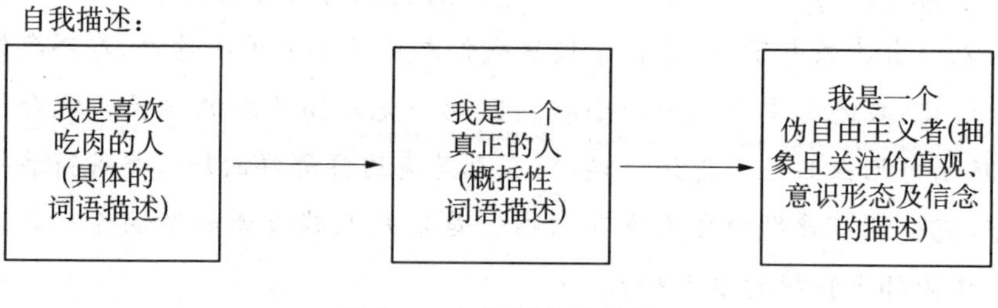

图 3.1 自我概念的发展

（2）自我概念具备更强的整合性和组织性。（如图 3.2 所示）

自我描述：

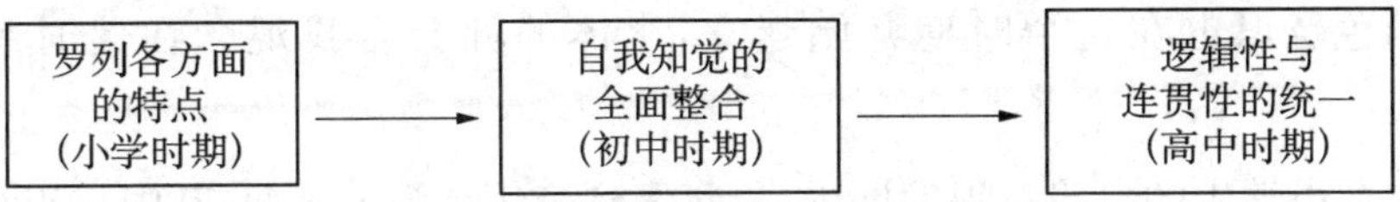

图 3.2　不同时期的自我描述

（3）自我概念的结构分化更加显著。能够认识到自己的表现在不同的情境中或在不同的人物面前有所区别。（如图 3.3 所示）

自我描述：

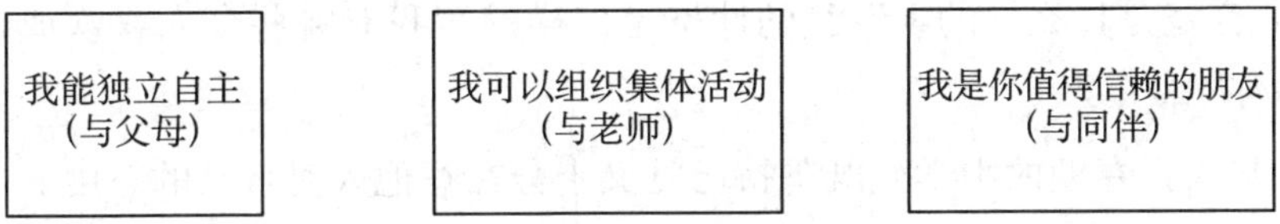

图 3.3　不同情境的自我描述

（4）影响中小学生自我概念的因素。（如图 3.4 所示）

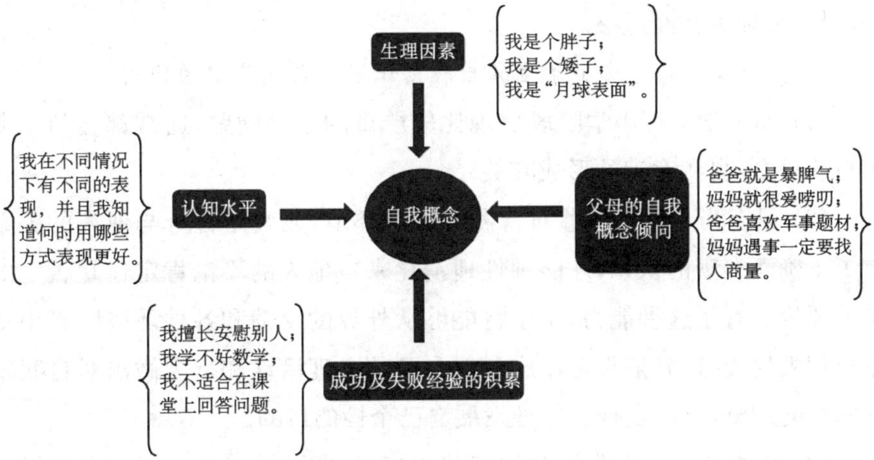

图 3.4　影响自我概念的因素

3. 为什么要关注中小学生的自我意识——自我意识的发展过程

自我意识的发展标志着小学生不断社会化，而自我意识的成熟往往标志着学生个性特征的基本形成。在小学阶段，学生的自我意识深受所处的社会文化影响，自我意识逐渐客观化，最终获得社会自我。同时，学生的角色意识也在这个时期开始建立，个体的社会自我观念在此时趋于形成。

在小学生的自我意识发展中，一年级到三年级为上升期，其中一年级到二年级时期自我意识提升幅度最大，是主要发展时期；三年级到五年级为平稳发展时期；五年级到六年级为另一个显著上升期。

进入中学后，学生的内心活动变得越发丰富，常常将很多心智和能量用于自省。我们可以通过学生的作文和日记发现一系列关于“我”的问题，比如“我究竟是什么样的人”“我的性格是怎样的”“我有哪些令人喜欢或讨厌的特征”等。

步入青春期的中学生既坚持己见又十分在意他人对自己的态度。当听到别人低声言语时，常会认为别人在议论自己；当看到别人面露微笑时，又认为别人是在嘲笑自己；若某位教师多看了自己一眼，便归因于自己是不是犯了什么错误等。总之，这种对于周围人的评价的过度敏感使中小学生感到压抑、孤独和神经过敏。

4. 为什么不能忽略小学生的自我意识——自我意识的作用

(1) 如果学生在小学阶段出现比较严重的心理问题，通常都会与不良的自我概念、自我意识的形成有关。

(2) 只有当小学生能够对自我与周围环境，尤其是自身与他人的关系有了正确而客观的认知，才能理性地消化来自他人的不论肯定还是否定的各种评价。有了这种能力，学生将能够从外界的反馈和各种环境因素中提取出积极的成分，并依靠这些成分对自己的心理活动和行为做出对自我发展有利的调整，最终实现更好地发展自己个性的目的。

(3) 自我意识是自我教育的基础和起点，通过培养自我意识和积极的情绪体验，学生能够认识自己的力量并保持稳定的情绪。如此，学生能够进行自我监控并培养良好的习惯，最终形成良好的个性品质。

(4) 小学生的学业自我意识能够预测学习成绩。随着自我意识的提高，学生会对课程学习的动机和学习效果有客观的认识与控制，对学习成绩的提高有显著预测效果。

5. 为什么中学生的情绪更阴晴不定——中学生的自我意识

中学生有时善解人意，让人欣慰；有时激进霸道，让人头痛。中学生这些天马行空的表现是自我意识发展的必然现象，所以，督促中学生成长的教师要充分了解中学生的自我意识，根据中学生自我意识的发展特点进行施教，才能起到事半功倍的效果。

学生以“准成人”的心态迈进中学校门的时候，便开启了他们心理、生理和社会角色的全新篇章。此时，学生要面临的转变有如下几个方面。

(1) 角色转变。中学生角色意味着从“小我”向“大我”转变，交往群体更具有社会性特征。这也是个体社会发展的必然过程。美国学者克里斯认为，一个人由不成熟转变为成熟会发生下列 7 个方面的变化。

- 由被动到主动。
- 由依赖到独立。
- 由少量的行为发展为能做多种行为。
- 由错误而浅薄的兴趣发展为较深且较强的兴趣。
- 由较短的时间知觉性(能感知眼前的时间)发展为较长的时间知觉性(能感知过去和将来)。
- 由附属地位发展到同等或优越的地位。
- 由不明白自我发展为明白自我并在一定程度上能控制自我。

(2) 从依赖向独立的转变。已有心理学研究资料表明，中学生的人际交往较小学生具有更多的目的性和指向性。这种变化是因为中学生“成人感”的意识明显加强，对家庭的依赖逐渐减少，更向往寻求同龄伙伴的支持。在中学生独立性和自主性快速发展的过程中，学生会根据自己的经验和需要去建立属于自己的人际关系，并在这种关系中探索如何保护自我，或者说合理建立自己的目标。

(3) 自我意识不断增强。当一个学生从小学进入中学时，其深刻的体验是他自己的内心感受。自我的成熟最明显的诱因是交往范围的扩大，交往需要也从依赖父母、其他成人转向了同龄群体,并从群体又转移到了"知音"个体上。由于个体的生理发展水平、生长与生活环境及认知能力等不同,伴随着年龄的增长,学生基本的心理需要也发生了质的改变。这种日益增长的心理需要同人的生理需要一样重要,必须予以满足才能保证个体的健康发展。

不同时期和不同阶段的学生对自我关心的内容和表达自我的方式不同,亦会给中学生带来不同程度的困扰。

6. 为什么要多与中学生谈心——中学生自我意识的特点

(1) 独立意识的发展。从反抗性的独立逐渐向与成人和睦相处的独立发展。此时期尊重学生的独立意识需求就能收获学生对于成年人的肯定与尊重。

(2) 自我的分化。从进入中学开始,学生的自我意识分成了"理想自我"和"现实自我"两部分。这种分化塑造了学生在思想和行为上的主体性,使学生产生了按照自己的思想去判断并控制自己言行举止的自我要求和体验,也引起了自我矛盾。

(3) 对个性成长的强烈关注。进入中学后的学生会将个性发展是否健全放在首位。所以,教师把侧重点放在帮助中学生全面平衡发展人格方面的话,有利于获得学生更多的认同。

(4) 随着中学生对自我的不断发掘与审视,自我评价也逐步趋于成熟,在高中后期能达到主客观的辩证统一。因此,对于还没发展出成熟自我评价的中学生,教师们对学生稍作提示就好,不要画线设标引起学生的对抗,尽量给予学生充分的空间来实现自我完善。

(5) 自尊心与日俱增。中学生对于他人评价自己的态度十分敏感。当自己的言行受到肯定或赞赏时,学生会感到强烈的满足感;反之,会因受到批评指责而感到强烈的挫败感。

(6) 道德意识的高速发展。中学生开始期望自己成为一个诚实、公正及关心他人的人。所以,对于中学生出现的任何诚实、公正及关心他人的行为,教师都应不遗余力地给予积极肯定。

初高中阶段的学生，自我意识在自我观察、自我体验、自我评价、自我监督和自我控制等各个方面都获得了显著发展，趋于稳定与成熟。

三、教育教学建议

1. 了解学生自我意识发展规律，掌握进行自我意识教育的科学依据

自我意识的增长与年龄增长成正相关，学生自我意识发展在小学时期呈现从低水平向高水平发展的趋势，个性发展具有很高的不稳定性，可塑性最高，所以，小学生是接受自我意识教育的最佳时期。

2. 引导学生正确认识自己和接纳自己

小学生是以成人的评价作为自我评价的依据的，在自我意识发展过程中，教师的评价至关重要。教师对学生的评价既要肯定优点，又要提出进一步发展的方向和标准，重点要指出进一步发展的方法和步骤，可能出现的问题和规律，指导学生正确认识自己。

3. 帮助学生制定目标，发展积极的人格倾向

教师应帮助学生建立切实可行的奋斗目标，制定时要分析主客观条件，引导学生从自身情况出发，制定既有意义又能让学生感兴趣的目标。接下来就是要积极实践，可将长远目标分成若干个小的目标，每实现一个小目标学生都会获得小小的成就感，这种成就感带来的愉悦体验将推进学生的下一步行为，如此，学生自我效能感提高，形成积极的人格特征。

4. 指导学生采用积极肯定的自我描述

每个人身上都是优缺点共存的，那些对自己要求高的学生往往更关注自己的不足，甚至会扩大自己的不足。此时我们需要帮助学生转变这种看法，对这些不足给予重新描述与理解。比如案例故事中的王本同学，当他觉得自己在高年级学长面前是个小孩时，我们让他知道“不知者不怪，所以就算我做一些滑稽的事情也是可以的”。如果有的学生认为自己胆子小、不够独立，我们可以让他对自己说“胆小的人做事谨慎认真，不易做事鲁莽犯错误”等。

5. 引导学生体验和接受自己的情感

不回避、不拒绝,切实去体验所想的事,感觉所感觉的事,期盼所期盼的事,做好要做的事。不要将自己的任何一部分,无论是身体、情感、思想、行为还是梦想看作遥不可及的东西,鼓励学生乐于体验和接受自己。帮助学生给自己的不足分类,分析是可以通过努力改变的还是无法改变的,如果是可以改变的就分层设定可行性计划,逐步化不足为优势;如果是无法改变的,例如不喜欢自己容貌上的某个特点等,就帮助学生去接受这个“不喜欢”,只有接受了,才能客观评价自己,从而解决其给自己带来的困扰。心理学研究发现,当个体彻底体验并接受了这种“不喜欢”的情感时,反而可以彻底地将之释放。

6. 教会学生与“自我”交朋友

假如学生做了令自己后悔或羞愧的事情,教师要尽量帮助学生正确对待。自我悦纳的人并不会逃避现实,而是要理清问题出现的原因,避免重蹈覆辙。教师要尽量帮助学生与“自我”交朋友,就像自己是“自我”的另一个朋友一样,对其进行安慰,从安慰中分析问题的原因,避免下次再出现同样的问题。

知识拓展

自我概念与自我意识之间的异同

自我概念是自我认识的结果,包括自我图式和可能自我。

自我图式,是关于自我的认知表征,我们用它来组织和加工与自我有关的信息。自我图式包括个人姓名、性别、外貌等基本信息,也包括生活中所从事的活动和工作等。显然生活中的各个部分并不是同等重要,而自我图式是由每个人最重要的行为和特征组成的。比如,学生A和学生B偶尔会一起打羽毛球或跳街舞,我们不能假定这两种活动在两位同学的自我图式中都同等重要,可能打羽毛球对学生A来说是重要的,是其自我图式中的一部分,其经常有规律地进行训练,因为他以后想成为一名专业的羽毛球运动员。而学生B的情况可能刚好相反,对他来说，跳街舞则更为重要，因为他以后想成为一名街舞老师。研究表明，当一个人开始从事一项新活动时，如果能将其纳入自我图式，他将更能坚持下去。

可能自我是人们对于自己将会成为什么样的人的认知表征，可能自我包括我们渴望从事的职业，比如医生、律师、运动员等，也包括想要拥有的内在品质，如做一个有爱心的人，一个有责任、有担当的人，等等。正如上文中提到的两位同学，拥有不同的自我图式和可能自我，这会使他们在不同的方向做出努力。教师在教学生活中也可以针对每个同学的不同特点，引导学生建立恰当的自我图式和可能自我。

自我意识是每个人对自我的一种觉知，自我意识意味着“自我”觉察到了某种关于自我的“现象”或“事物”。例如，你今天穿了一条新裙子；帮助了朋友之后你觉得很开心；你喜欢听轻音乐，因为它可以让你感到愉悦；等等。你觉察到这些存在，说明你意识到了它们。人不仅能够觉察外部状态，还能觉察某些内部状态，如疲惫、焦虑、抑郁、兴奋、饥饿等，同时还能觉察时间的长度和空间的广度。

自我意识在情感上表现为自我体验，当学生对自己做积极评价时，会产生自尊感；当学生对自己做消极评价时，会产生自卑感。自我体验可以使自我认识转化为信念，进而指导一个人的言行。自我体验还能伴随自我评价，激励适当的行为，抑制不适当的行为。如学生会在认识到自己的错误行为所产生的后果时，产生内疚、羞愧的情绪，进而避免这种行为再次发生。

自我意识在行为上表现为自我控制，这是实现自我意识调节的最后环节。意识作为一种高级的心理功能，对个体的整个身心系统起到统合、管理和调控的作用。如一个学生意识到学习对自己将来的重要意义，从而激发出努力学习的动机，进而在行为上表现出认真学习、不怕困难、积极进取的精神。自我控制包括自我监控、自我激励和自我教育等成分。

第二节　自我评价

一、案例与问题

案例一

图 3.5　小明的烦恼（见彩插）

“我是谁？”

“我是一个怎样的人？”

“我有哪些优点和缺点？”

“别人是怎样看待我的？”

……

一向活泼的小明最近总是一个人默默看着窗外深思，上课不再积极发言，与之前意气风发的样子判若两人。班主任观察到小明的变化后，找小明了解情况。

班主任问：“小明，你最近有什么心事吗？感觉你和之前不一样了呢？”

小明说：“老师，我是一个怎样的人呢？一直以来我的家人都说我长得帅，我特别自豪。当听到隔壁班的女同学在我身后窃窃私语夸我帅的时候，我感觉全身充满了力量，走路好像都带风一般。”

班主任问：“那现在呢？”

小明说：“可是，就在上个星期，小刚向我借爷爷送我的赛车玩，我没有同意。他就和同学们说我是个小气鬼，让大家都不要和我玩。我感到大家都相信了小刚的话，同学们都渐渐远离我。就因为我没有借赛车给小刚玩，我就变成小气鬼了吗？”

案例二

“怎么就只有我长痘痘呢？丑死了！头发呀，你快点长出来，挡住我的脸吧，不然我没法见人了！”

“我现在好胖呀，不行我不能吃饭了！”

“要迟到了，可是我的头发还没有梳好，怎么办？怎么办？”

……

图 3.6 家美关注自我（见彩插）

家美是班里最能引起他人注意的女生，身材娇小且有灵气，精致的妆容和每日各式新颖的发型都能吸引他人的关注。除此之外，家美的书包中还有一个标配——镜子，似乎她的主要交流对象就是镜子。

老师在一次与家美的谈话中，了解了家美与镜子形影不离的缘由。

家美说：“我皮肤状况不太稳定，有时候会冒痘痘，我要经常看脸上某个位置是不是又有冒痘的迹象，早发现早解决嘛。除此之外，我还喜欢通过镜子去看别的同学，我想知道他们是不是在看我，直接看别人是不是在看自己多尴尬呀，所以，我要用镜子看，如果看到别人正在看我，我就感到高兴；如果没有人看我，我就感到失落。”

老师问：“你很在意同学们对你的关注，是这样吗？”

家美说：“是呀，我的名字叫家美，就是家里最美的，班级也是家的延伸，我也要成为班里最美的。虽然每天花费很多时间在化妆和梳头上，但当同学们关注我的时候，我就觉得这一切都是值得的。”

二、知识

1. 为什么学生会那么在意别人的眼光——自我评价

作为自我意识发展的一大标志，学生的自我评价是教师了解学生自我意识成熟程度的重要途径。自我评价能力是学生通过对自己的行为和活动的分析而逐步完善的，这种能力早在学前期就已经开始形成。

自我评价是自我意识的一种表现，它依靠于自我认知能力的发展，是一种复杂的心理行为。自我评价反映了人对自身能力和思想等多方面的评价，包括了对社会行为规则的理解和个人的主观经验，是一个人自我调节机

制的重要基础。（林崇德，2015）

2. 为什么要多评价学生的内在品质——自我评价的发展

进入小学后，学生自我评价的能力逐渐发展起来。（如图 3.7 所示）

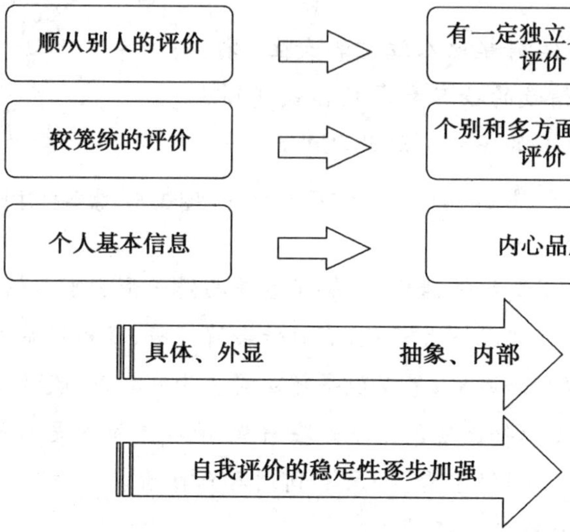

图 3.7　自我评价的发展

学生在小学的初期，抽象思维趋于完善，知识经验也在不断累积，所以可以通过客观和全面的视角看待自己的各方面表现并辩证地做出分析。学生自我评价机制逐渐完善，能够主动并且深刻地认识到自己的问题。这一点主要体现在学生能够从多个层面来分析自己的心理状态，还能对自己的整体心理面貌和稳定的心理品质做出较为全面的认识。

自我评价和自我分析能力的发展与学生个性发展息息相关。在这一阶段的发展中，学生容易对自己产生偏高的自我评价，这种自我评价导致了在一些行为表现中显得自负，认为自己是对的，难以听取他人建议。这种情况会随着学生年龄的增长得到改善。经历了这一阶段自我评价的发展，学生会达到实际表现与自我评价的统一。

对于自我评价较低的中学生，我们应给予更多的关注并努力帮助这部分学生提升自我评价，以避免心理困扰。

三、教育教学建议

1. 避免对学生高标准、严要求式的评价

只有避免了对学生高标准和严要求式的评价，教师才能做到客观和公正。尤其是对待表现差的学生时，不应一味责备，而应该冷静地和学生一起分析问题原因，讨论并找到改正的措施和具体的步骤。

2. 避免笼统的评价，及时发现学生的进步和闪光点

笼统的评价对学生的发展没有积极效果。当学生觉得教师对自己的评价不够具体，或者发现教师对每个同学的评价都差不多时，学生就无法感受到被关注，也不知道自己好在哪里。教师要巧妙运用积极语言，要具体化，从“方法、原因、作用、过程、表现形式、态度、新技能”等方面夸赞和鼓励学生，比如点评学生作文中哪个方法用得好（方法），为什么这篇作文好（原因），把作文写成这样或用这种方法描写有什么好处或意义（作用），在学习作文过程中学生有哪些进步和闪光点，或遇到哪些困难并如何突破困难的（过程），这次作文中什么词用得好，有什么进步（表现形式），学生语文课学习的态度怎样（态度），最后，鼓励学生下次在某个点上可以做得更好，或教师期待学生在哪些方面还可以进一步提升（延伸新技能）。（陈虹，赵卫国，徐敏，等，2015）

3. 不埋没成绩，不夸大其词

教师应擅于观察，能够及时捕捉到每个学生在各个方面和不同程度的进步，给予恰当评价，不埋没成绩，不夸大其词，让学生客观地认识自己的水平。

4. 迂回提醒学生发现自己的不足

由于自我认知尚未成熟，小学生的自我评价普遍偏高，且容易只看到自己的优点，认识具有局限性。针对这一问题，教师可以用做游戏或讲故事等方式，让学生在活动中总结出一些道理，从而提高学生的自我认知能力。

5. 训练学生对自己的学业进行真实评价而不急于评判

考试过后，可以引导学生对自己取得的成绩进行评价，如一次数学单元

测试后,取得98分的学生对自己做出这样的评价:“这次考试中我还是挺有自信的,考试内容并不难,但是因为我平时有点马虎,所以丢了两分。”另一位考了85分的学生是这样评价自己的:“上课时,我觉得这个单元的内容挺简单的,就跟同学聊了一会儿天,之后也没认真复习,所以我觉得上课认真听讲非常重要。”通过对自己成绩的评价,可以让学生意识到自己的问题所在,然后教师再进行指引,会取得积极的效果。

6. 培养学生丰富的价值观

爱美之心人皆有之,适度爱美是对自己和他人的尊重。可以在班级里举行选美比赛,将勤奋、团结同学、乐善好施、性格及外貌等全部纳入评选标准,让学生对于美有一个全方位的认识。

7. 督促学生不断探寻自我

自我同一性早闭是学生比较容易出现的一种自我同一性形式,他们过早地定义了自己的形态,并根据这个定义不断增强自我意识。因此,作为教师的我们要去帮助学生开发其更多的可能性,增加学生的信心与坚忍的意志。

知识拓展

自我同一性

美国发展心理学家埃里克森认为中学时期是形成同一性的关键期,并认为在这一阶段,学生需要经历自我同一性与角色混乱之间的心理冲突。(见表3.1)

表3.1 自我同一性

体验	目标	意义
我是一个独特的个体,自我本身是统一的。 设想的“我”与体察到他人眼中的“我”是一致的。	在特定环境中的自我整合与适应之感。 寻求内在一致性和连续性的能力。	我是谁? 我将来的发展方向是什么? 我要如何适应社会?

自我同一性是指人在了解自我和探索自我的过程中,对自我的认识和对有关自我发展的一些核心问题,包括人生观、价值观、理想与职业等的思

考和理解。这个过程涵盖了个体的过去、现在和将来各个时间维度内的发展，所以确立同一性需要个体对自己有足够的了解并能够整合过去、现在和将来的自我认知，形成一个有机的整体。随着自我同一性的建立，学生能够认识到自我的价值观念并确立自己的理想，并对未来的自我发展做出思考。

埃里克森认为自我同一性和角色混乱的冲突对处于这一阶段的学生的健康成长意义重大，所以成人应给予学生空间，不要过高地要求或以成人的思考方式和标准去限制他们。在这一阶段的成长过程中，学生需要选择的自由，所以父母应允许他们看似荒唐的行为，让他们探索自己的可能。如果学生在这一时期感觉到他所处的环境限制甚至剥夺了他在未来发展中达到同一性的种种可能，使他无法获得方向感，那么他将以惊人的力量抵抗他所面对的社会环境。（见表 3.2 和表 3.3）（陈香，2001）

表 3.2　自我同一性的四种形态

	缺失承诺	做出承诺
缺失危机	1. 同一性混乱：学生既不考虑也并未解决同一性问题，没有对各个选择进行思考与探索。通常表现出社会性退缩。	2. 同一性早闭：学生还未经历过探索各种选择的危机阶段，就已经形成同一性。这种情况通常源自学生想成为权威的父母希望的样子。
经历危机	3. 同一性延缓：学生正在经历同一性危机并为解决此问题努力。虽然已经在一定程度上探索了各种选择，但只有模糊的了解而尚未做出承诺。	4. 同一性获得：学生已经完成探索并形成了自我认知和对自己未来的设想，获得了同一性，并有具体的目标。

表 3.3　自我同一性的两个极端表现

同一性达成	同一性混乱
满意	易攻击他人
忠诚	时刻思考“我是谁、我该怎么做”
主动适应外界社会与人际交往	经常逃避需要做选择的情况，陷入麻痹状态
与他人保持恰当的人际距离	无法与他人保持适当的距离，过远或过近
憧憬未来	对未来没有希望与寄托
劳逸结合地处理生活与学习	无法集中精力学习或发疯般沉浸于学习中

自我体验

自我体验是自我意识的一部分，是一个人对自己感受到的各种情感的体验。在小学低年级学生的心理发展过程中，愉快和愤怒的感受发展得最早，而羞愧感、委屈感和自尊感则发展稍晚。

自我体验伴随着自我意识同步发展。7—12 岁期间，自我情绪体验、自我认知和自我评价三者的发展是息息相关的。如果小学阶段的学生不断提升理性认识的水平，那么，此时其情绪体验就会随之深入。

自　尊

小学低年级学生的认知水平已经有了很大发展，可以从外部、内部，身体和心理的特征来看待自己，却不仅限于此，他们还会以特定的方式，以好坏判断自己。自尊是指一个人在整体和特定方面对自我的评价，而这种评价大多有积极或消极之分。相较于更为客观的自我评价(如"我擅长游泳""我长得很高")，自尊带有更多的情绪因素(如"大家都觉得我很马虎")。

在小学时期，学生的自尊心迅速发展，处在这一阶段的小学生会越来越经常将自己的表现与他人比较，以此了解自己在社会中的大概地位，并判断自己是否符合社会标准。同时，他们也在心里逐渐发展出一套自己对于成功的评价标准，以判定自己有多成功。在此阶段学生出现的另一大进展是自尊开始分化，他们会在某些方面展现出高自尊(如他会感到自己在运动方面很有才能)，也会在某些方面展现出低自尊(如他会发现自己在语文学习方面不太擅长)。

1. 低自尊和高自尊

一般来说，小学低年级学生的自尊比较笼统，只有一个整体的概念。如果一个学生的整体自尊比较积极，那么他就有信心能够做好任何事情。然而当整体自尊非常消极，则这个学生会认为大部分的事情自己都无法胜任。而到了小学高年级，自尊会开始分化，学生开始对自己有更清楚的认识。

另外，也会有一些小学低年级学生会长期拥有低自尊，这会使学生的生活之路充满坎坷，每一次失败都加重他们低自尊的信念，最终使他们陷入失败感不断加深的恶性循环。

例如，学生小凯自尊水平始终很低，下个星期要面临一场考试，因为自尊很低，他预料自己会考砸，所以很焦虑，而过分的焦虑又导致他不能很好地复习，更甚者，他会认为自己反正考不好，从而放弃复习。结果如他所料，果然考得很糟，如此又强化了他的低自尊，使得陷入不断失败的恶性循环。

相反，拥有高自尊的学生会走在更加积极的路上，进入成功的良性循环。对未来较高的期望，会让他们愿意付出更多的努力，增加了成功的可能，也强化了高自尊(如图 3.8 所示)。

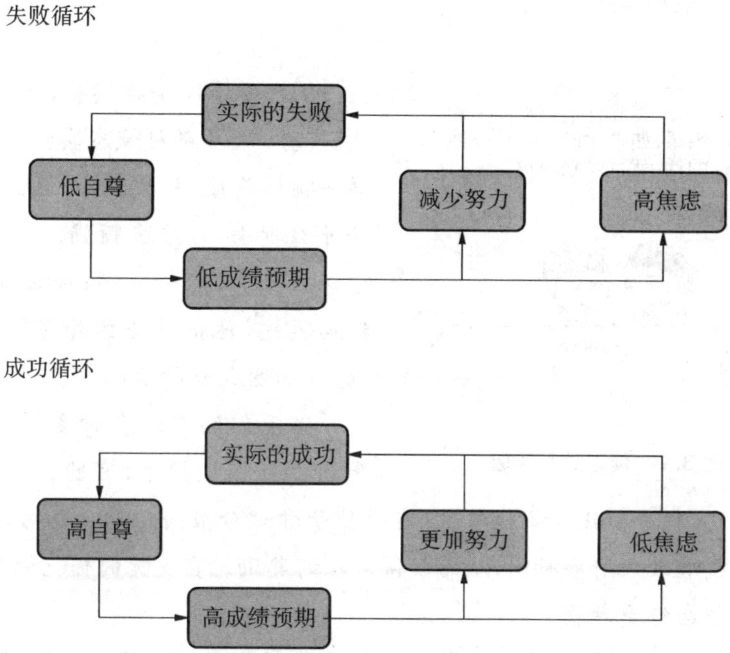

图 3.8　失败循环和成功循环

2. 如何打破失败循环？

教师可以通过提高学生的自尊来打破失败循环。最好的方法就是让学生体验到高自尊。通常低自尊的学生性格比较孤僻，沉默少言，与教师和同学交流比较少，获得教师的关注也少。针对这样的情况，教师首先可增加对此类学生的关注，让他们感受到温暖和关心。其次根据学生的具体情况，帮助学生制定切实可行的目标和任务，并监督执行。最后让学生体验到小小的成功带来的愉悦之感，之后小成功将逐步带来成绩的大幅提升。体验到成功的学生将慢慢对自己产生信心和高自我效能感，进而提高对自己的要求，增加努力的程度，增加成功的概率，如此进入成功循环。

第三节　自我控制

一、案例与问题

图 3.9　延迟满足实验

心理学有个著名实验，叫“延迟满足”实验。4 岁的被试在实验中每人获得一颗棉花糖，并被告知：他们可以选择什么时候吃掉这颗糖。如果马上吃，他们就只能吃一颗；如果等 15 分钟后再吃，他们就会额外获得第二颗糖。（如图 3.9 所示）

孩子们的表现多种多样，有的孩子马上把糖吃掉了；有的孩子则尽力克制自己，移开视线或头枕双臂；有的孩子尝试分散自己的注意力，开始自言自语或唱歌来消磨时间，从而获得诱人的奖励。在美味的棉花糖面前，任何孩子都在经受考验。

虽然被试年龄很小，但童年时的行为已经能在一定程度上预测人们未来的发展。十几年后，当研究人员再次访问当年的被试，发现那些为获取更多棉花糖而抵挡住了一时诱惑的孩子比那些马上吃掉棉花糖的孩子获得了更大成功，这说明延迟满足的能力能够影响人的未来发展。（林正文，2006）

二、知识

为什么有些学生更专注？这与学生的自我控制能力有关。

自我控制能力在学生各方面的健康发展，包括学业、人际交往和今后长期的事业发展中都起到举足轻重的作用。“自我控制”就是要求学生，在社会的规范和要求与自身的目标之间达到良好平衡，能够对自己的行为做出合理的约束和控制。

小学课堂上，有些学生的行为明显较其他同龄学生活跃，比如，离开座位，四处走动，即使在座位上亦难以安坐，或常常打断别人说话，或未举手就回答问题。这些学生的行为看上去较为冲动，自我控制能力低。

随着大脑前额叶皮层在青春期的再次发育，中学生的自制力水平较小学阶段明显提高。但是，由于中学生对于一些新鲜事物往往会聚精会神地研究，比如网络游戏、电子产品等，这些东西吸引了部分中学生的注意力，所以，中学生也面临着前所未有的自我控制的挑战。

三、教育教学建议

1. 参与规则的建立，培养自我管理能力

教师可以考虑给学生安排简单的工作，例如，分发练习本或替教师拿取物件，一方面可以让学生将精力放在有建设性的活动上，体会规则是如何运转的，另一方面教师在可控的范围防止学生搞破坏。对表现好的学生给予赞扬或者微笑。这样的榜样效应可使学生模仿和习得自我控制。

2. 帮助学生理解和感受规则的作用

(1) 增加可控性。安排学生坐在接近教师的座位，让教师容易留意或观察学生，当学生想离开座位时，教师可做出手势向学生示意，请学生立即坐下来。

(2) 给予简单清楚的指示。由于学生耐性有限，给予指示要简单清楚，让学生得到清晰明确的指示后立即明白应该怎么做。

(3) 课堂规则。在教室显眼处张贴课堂规则，用以时时提醒学生规范

自己的行为，规则要写得具体、有效、可操作。（赵婉伊，2017）

知识拓展

自我管理技术

教师做不到全天只紧盯一个学生，而且学生有些问题涉及多项心理活动，比如需求、动机、意志、能力等方面，这些不易直接观察。自我管理技术就是让行为问题者本人用行为矫正法矫正自己的行为，对于较成熟的高年级小学生或中学生更为适用。（徐亦潇，2013）

把改变问题行为的任务交给学生自己，让学生自己协调，此举提高了学生处理问题的能力，不仅改变学生现在的问题，还能帮助学生提高未来适应环境的能力。

改变是需要一个时间过程的，自我管理技术有三个步骤。

第一步：自我观察。教师和学生一起确定问题行为所在，问题一定要得到学生的认可。

第二步：自我评价。让学生本人自我观察、自我记录，教师可以强化学生的记录行为。自我记录如需要教师指导，教师可从旁协助，帮助清除环境等干扰因素。

第三步：自我强化。教师指导学生自我强化进行一个阶段后，让学生了解行为改进后的自我感觉，一般包括受周围人肯定的增加，学生的自信也随之增加。最后，学生不断对自己做出越来越好的自我评价，从而促进良好行为的发生。

教师可保持每隔一段时间与学生探讨成功经验。

第四节　归因方式

一、案例与问题

小敏是高一女生。她思维敏捷，成绩优异，且敢做敢说，是个既聪明又有个性的女孩。但小敏与同学的关系并不融洽，她认为人与人之间无信任和善良可言，人人都是唯利是图的，因此，她与同学交往也总是缺乏真诚。

小敏与家长和老师说话也显得盛气凌人，似乎总带着争吵的神态，难以心平气和地交流。她所担任的班干部工作常常因为与同学沟通不善而不能如愿开展，因此小敏表现得情绪消沉，多次哭泣，几番欲辞去班干部职务。

小敏很想交知心朋友，但是同学都对她敬而远之。她在自己的微博中写道："我天生就是不被人喜欢的那种人。"

二、知识

1. 为什么学生对同一结果有不同解释——归因方式

学生归因的模式一般分为：积极归因模式和消极归因模式。如果一个学生认为成功源自自己的能力水平，则感到自豪，并会增强对成功的渴望。而把失败结果归因于外界因素比如自己不够努力时，学生就会增强内疚感，从而更努力，最终能够提高努力动机，产生积极的行为，即使在失败的情况下也能够坚持努力。这样的心理模式就叫作积极归因。

反之，如果学生把自己的成就归因于运气好或其他环境因素，可能会不太在乎本次的结果，也很少增强对成功的期望。而失败时却归因于自身缺乏能力，就会自觉羞愧，也容易感到挫败，认为努力无法带来想要的结果，而产生习得性无助感。这样的归因模式会降低学生的参与动机，对将来的成功不抱期望，可能会放弃努力。

2. 为什么小敏认定他人是不可信的——影响归因的因素

(1) 学生的归因模式与环境因素有关。若学生处在一个能力水平都较自己高的群体中，学生每次完成任务的结果在群体中都是中下水平，学生就会感到压力越来越大，形成习得性无助感。但学生若处在一个能力水平和自己相当或比自己水平高一点的群体，压力就没有那么大，得到成功的概率也会增加。若得到成功后进行正确归因，进步就会比较快，学生也就会增强对任务的兴趣。

(2) 学生的归因模式与自身性格有关。性格乐观、开朗的学生，其归因模式一般是较积极的。这些学生会主动调节情绪,若失败了会对自己说“没关系,下次再努力点就可以”。性格较自卑、缺乏信心的学生做事情时,总是担心自己能力不够,害怕失败,未战先输。

学生的归因方式将直接影响其后续的行为表现。(见表 3.4)

表 3.4 归因方式

因素分类	归因方式		新的行为
	内因	外因	
稳定性因素	能力	任务难度	放弃努力
不稳定因素	努力	机遇	继续努力

案例中,如果小敏认为和谐的人际关系是可以通过努力和恰当的时机(机遇)进行沟通而获得,小敏就会努力改善与他人的关系;但如果小敏认为自己天生就不会处理人际关系(能力不够),且人际关系是一个非常难攻克的任务(外因难度大),小敏就会很容易放弃与他人建立良好人际关系的愿望。

三、教育教学建议

既然了解了归因方式对学生未来的学习动力和自我期望的深远影响,也知道哪种归因方式有助于学生发展,那么,教师就可以把这一理论成果应用于实践之中,有意识地引导学生的归因方式,增加学生在学习和生活中的积极性行为。

1. 强化矫正学生的归因

当学生表现出了积极的归因模式时,教师应马上以鼓励来回应,这样不仅能强化这些学生的积极归因模式,更能暗示和引导那些很少做出这类归因的学生。这种强化和矫正归因方式的训练非常易于操作,适合教师在日常工作中运用。

若想要达到最佳的归因训练成果,教师应当注重学生的情感体验,循序渐进地从其情绪状态切入进行引导,而不是把积极的信念强加于学生的归因模式。

2. 替代强化法

替代强化法也是一种有效的引导方式。“替代强化”这一概念源自美国斯坦福大学心理学家班杜拉的社会学习理论，是用榜样替代来实现强化的方法。通常，当学生看到他人因积极的归因方式而获得成功时，学生就会学习同样的方式并增强自己的积极归因倾向；当学生看到他人因消极的归因方式而受到的负面影响，比如失败或惩罚，学生就会减少自身这样的归因倾向。这种对榜样行为的反馈能够通过学生的观察间接地影响自己的行为，成为自己进步的动机。在使用这一方法时，教师应确保榜样与受训学生尽可能相似，使学生觉得该行为对自己也会产生类似的效果，让学生能将观察学习的成果有效运用于自己的日常生活。

3. 运用多种方式进行归因训练

(1) 讲解。向学生介绍积极归因的话题，让学生直接理解这一概念的重要性。

(2) 活动。通过了解名人事迹等活动引导学生向榜样学习。

(3) 书面交流。通过学生对于自己成功或失败的归因的书面记录，教师可以从侧面了解到学生的归因模式和心理发展的变化。如果学校设有与心理健康相关的课程，也可以在这些课程中添加与归因相关的训练，培养学生积极归因的能力，达到循序渐进改善归因模式的效果。

(4) 让家长了解积极归因模式的重要性。在学生与家长的朝夕相处中，如果家长能领悟到积极归因对孩子学习及生活的重大作用，便可以为学生的归因训练创造良好的环境，让孩子在潜移默化中优化自己的归因模式。

第五节　规则的建立

社会生活中，规则无处不在，但是有的人见到“请走天桥和地下通道”的提示后，还是会翻越栏杆横穿马路，他们还满不在乎地说“这样方便快捷”；有的人把果皮丢在立着“不准乱扔垃圾”牌子旁的长椅上，还得意地说“没人看见是我”；更有甚者强行插队还对周围制止的人瞪眼大吼“用不着你管我”；还有的人发现没有摄像头或没有人看见就做出不守规则的事情，比如，路过一个没有摄像头的十字路口闯红灯，在没有人看管的道路上随意停车等，理由是“我有特别着急的事，闯一次红灯也没关系，反正也查不出来”“我停一会儿就走”。不遵守规则的人一般都是以更便捷、更自由为借口做出了违规行为。事实上，遵守规则不仅能使人们更好地适应社会，成为一名合格公民，更能帮助我们实现真正的自由。

一、案例与问题

学校组织去动物园秋游。状状看见黑熊，觉得黑熊憨态可掬，很可爱，而且黑熊的身材和自己的名字“状状”很相配，于是，就把包里的饼干和糖果拿出来一一扔给黑熊。同学兰兰看到“不准喂动物食品”的指示牌，就上前告诉状状别给黑熊投食。

状状却不当回事，继续投食，说：“黑熊那么可爱，你为什么不让我喂？”

兰兰说：“你看，那有指示牌，说不准给动物喂吃的。”

状状说：“这是哪家的规则？我怎么不知道。”然后，看了一眼指示牌，又说：“没事儿，别人也这样做的。”

二、知识

1. 为什么没有规矩不成方圆——规则感

在人的心理发展过程中，对规则形成认知是发展健全社会认知的重要一环，帮助中小学生培养规则感并不是在限制学生的自由，而是给学生带来更多的安全感，让学生更好地明确自己的内在世界和社会的外在世界的联系，提高自己理性分析、情绪控制的能力，并增强自控力，逐渐完成从“他律”到“自律”的自我约束意识。

2. 为什么不能强迫学生听话——规则学习

规则学习是指学生获得一定的规则认识，并努力将规则所确定的外在的行为要求转化为内在的行为需要，从而建构起内在的行为调节机制的过程。规则学习可概括为两个方面：一是通过活动不断将现实的外在规则内化的过程，二是通过活动将已有的规则表现出来的外显过程。

规则学习是一种让学生“做人”的学习，与让学生“做事”的知识、技能的学习全然不同，规则学习有以下几个特点。

（1）情感性。规则学习区别于一般的知识和技能的学习的首要特征是情感性。在规则学习过程中，情感一直贯穿其中，如果没有情感的参与就不可能内化。

（2）约束性。规则不仅约束而且引导学生的认知和行为方式。虽然不同群体和社会拥有不同的规则，但从性质上来说，都包括倡导性规则和禁止性规则。

（3）延迟性。规则学习的目的在于帮助学生形成良好的行为规范，促进其身心健康发展，但习惯非一朝一夕就可以养成，须经过较长时间的教育、训练和实践，逐渐在社会交往中形成。

三、教育教学建议

1. 激发学生了解规则、遵守规则的内在动机

教师应激发学生了解规则和遵守规则的内在动机，让学生逐渐认识到规则的重要性，并发自内心地感受到遵守规则带来的快乐，而不是将规则当作一般知识来讲授。

2. 让学生体验到规则对自己的意义

遵守规则并不只是满足他人的需要，也不是教师要求我做，所以才做。而是，让学生意识到遵守规则能给自己带来什么，引导学生思考我们为什么要遵守规则，比如在学生喜欢的游戏中，只有大家都遵守规则，才能体验到游戏的乐趣。图书馆的书必须按规则摆放，不仅看起来整齐，而且领取的时候也方便快捷。

3. 让学生在活动中发现规则美

比如，师生可以一起确认按规则排列的物品会使我们产生心理上的愉

悦感；带学生鉴赏艺术作品中的规则感；排演情景剧，让学生分小组编写剧本，自己排练演出，这会使学生对规则产生更深层次的体验。

4. 减少说教，让学生在丰富的活动中体会规则存在的意义

当学生违反规则时，我们不应以批评和斥责回应，应利用时机将规则与学生的需求相结合，让学生把规则变成自我的一种需求。当这一心态形成之后，外在的纪律控制将不再重要，学生将主动为了满足需求而遵守规则。

第六节　生涯规划

一、案例与问题

“热门的就是最好的吗？”

“我想干什么？”

“我能干什么？”

“我能坚持干多久？”

……

小林从小喜欢机器人，平时总捣鼓机器人，小学时还多次参加机器人比赛。可是中考时小林没有考入重点中学。小林的妈妈觉得，玩机器人占用了儿子太多时间，儿子无法专心学业，所以，就不让小林继续上机器人课了。小林变得郁郁寡欢，学习没有进步反而退步了。小林妈妈很困惑，去找老师咨询。

老师认为小林现在已上高一，之前的学习基础比较薄弱，所以在短期内难以达到好的学习效果，就算完全投入学习也未必能考上理想的大学。相反，玩机器人是小林的强项，如果让他发挥特长，也许能成为他考取大学的优势。

小林妈妈听从了老师的建议，和小林一起商议未来的人生路线。在高中三年里，小林在课余时间坚持学习机器人科普知识，最终借助特长在竞赛

中取得优异成绩，并因此被国内某名校录取。

二、知识

1. 为什么中小学生对未来的职业总是变幻不定——职业选择的阶段

根据金斯伯格的理论，职业发展是一个漫长而持续的过程。一个人的职业选择是从不切实际的空想逐步走向现实的过程，这一过程被划分为三个具体阶段。（如图 3.10 所示）。

职业空想阶段(11岁以前)：
在这个阶段，个体希望快点长大成人，憧憬引人注目、令人激动的理想化职业。

职业尝试阶段(11—17岁)：
个体开始思考今后的职业和自己所面临的任务，并把这个任务作为奋斗的目标。这个阶段由兴趣、能力、价值观共同主导作用。

职业现实阶段(17岁至成人)：
这一阶段更注重现实，力求主观因素与客观因素协调统一。

图 3.10 金斯伯格的三个职业发展阶段

由图 3.10 可以看到，中学生正处于职业尝试阶段。在我国目前的教育环境下，不论是直接走上工作岗位，还是选择在高等院校继续深造，中学生都将面对几项重大选择，比如文理科的选择、是否选择培养某方面特长、选择什么样的院校和专业等，而这些选择都将对学生长期的职业发展产生影响。

因此，帮助中学生认识自己、提前规划职业方向是十分重要的。中学时期受到的职业规划教育能非常有效地帮助学生了解职业在未来人生道路上的重大意义和作用，引导学生进行初步的职业规划，并养成终身完善个人职业规划的意识。

2. 为什么生涯规划要多方面权衡——最佳点

进行生涯规划辅导的首要目的是让学生能够加深对自我的了解,在兴趣、能力和价值观这三个重要指标中找到符合自己的最佳平衡点——那些你热爱并擅长,同时也觉得有价值投入其中的事情。人们所热爱的事情,不一定真的擅长做;擅长的不一定喜欢;而人们认为有价值的事情,不一定是自己热爱的;有的事情我们既觉得很有价值,又很擅长做,但我们却在逼迫自己做着不喜欢的事情。“最佳点”是当三者同时满足时,最中间的那一小部分区域。(如图 3.11 所示)

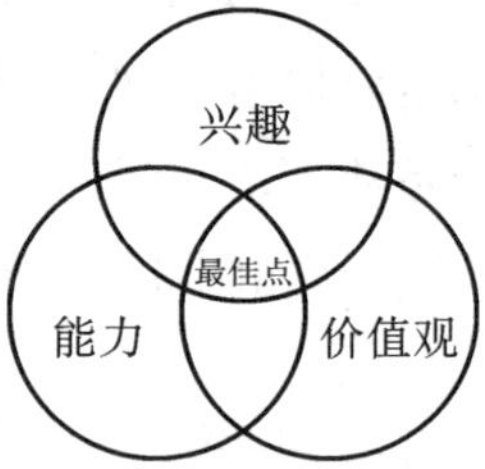

图 3.11　兴趣、能力和价值观的最佳平衡点

三、教育教学建议

1. 培养学生的兴趣

人格类型、兴趣与职业选择之间的密切联系受到了社会的广泛重视。兴趣是广义上的人格,是人格组成部分中对职业影响最大的因素,职业兴趣是提高人们工作积极性的最佳工具,也是用来匹配人与职业的最有效的依据。

霍兰德认为人格可分为现实型、研究型、艺术型、社会型、企业型和常规型六种类型(如图 3.12 所示),人们应该从事与自己职业兴趣类型一致的职业。(刘雯雯,2016)

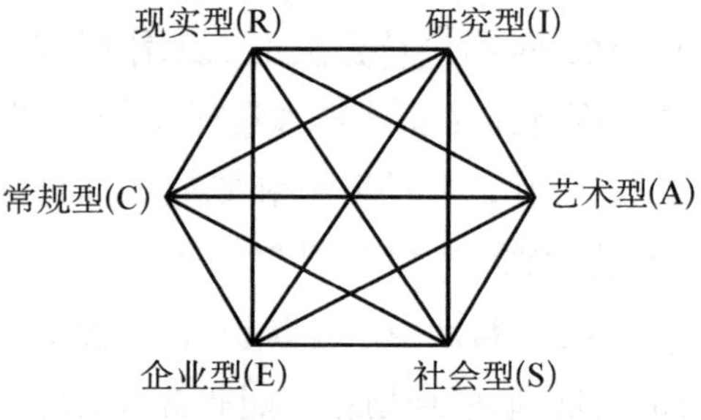

图 3.12　霍兰德的职业兴趣六边形

(1) 现实型的人一般动手能力较强,喜爱摆弄工具或者机器,能很好地完成操作性的事情,但是不善言辞与社交,更喜欢独立完成任务。

这一类型的人适合从事一些需要具备操作技能的工作，比如计算机硬件人员、机械工、摄影师、修理工、木匠、厨师及农民等。

(2) 研究型的人拥有很强的思考能力，喜欢脑力活动，知识渊博，具有很强的抽象思维能力和求知欲，思考方式较为理性，擅长逻辑分析和推理，热衷于对未知领域的探索。研究型人格适合的职业为科学研究人员、工程师、医生、电脑编程人员和教师等。

(3) 艺术型的人极具创造力，渴望通过表现自己的独特个性来实现自我价值。热爱创造并追求新颖的成果，容易因为过于理想化和追求完美而忽略了实际应用。这种类型的人适合从事注重个人表现力和创意性的工作，比如导演、建筑师、艺术设计师、演员、摄影师和作家等。

(4) 社会型的人注重与人的交往，乐于结交新朋友，善于与人对话并提出建议，关心各种社会问题并有自己的独特见解，渴望在社会中发挥自己的能力。社会型的人适合从事提供信息、启迪、帮助、培训、开发或治疗等工作，如教师、咨询人员、公关人员等。

(5) 企业型的人拥有领导才能，对权力和物质财富抱有很大野心，爱冒险、敢于竞争、倾向于用权力、地位、金钱等外在条件来衡量价值，有抱负，擅长领导、管理、劝说等工作，并适合在目标性强的政治、社会类机构工作。这一类型的人适合的职业为政府官员、企业领导、法官、律师、项目经理、营销人员等。

(6) 常规型的人严格遵守规章制度并拥护权威，习惯于在他人领导下进行细致、有条理的工作，擅长执行计划，应该从事具有记录、归档、特定要求或程序的工作，适合经常使用数据和文字信息的职业，如秘书、会计、出纳员、图书馆管理员、投资分析员等。

2. 了解学生的能力特长

能力也是生涯规划中需要考虑的一个因素，如案例中的小林根据自己的特长，经过努力，如愿被某大学录取。

为了更好地辅助学生们对未来职业发展的探索，各学科教师可以在自己教学的科目中加入与职业发展相关的信息和职业规划的内容。比如数学课上，讲代数的时候，教师可以介绍各种需要数学能力的职业，如会计、经济分析师等,让学生了解本学科的实际应用,引导学生了解在中学时期为各个学科的学习打好基础的重要性,建立书本内容与职业发展的联系,提前开始思考未来的职业方向。(如图 3.13 所示)

图 3.13　思考未来的职业方向

3. 建立学生良好的职业价值观

职业价值观是指人们衡量社会上的各种职业的优势、意义和重要性的内心尺度,也是生涯规划需要参照的。中学生的价值观主要包括声望地位、保健、发展三个因素(如图 3.14 所示),声望地位包括收入、地位、名声、是否能成为领导者等,保健因素包括稳定性和将来的保障等,发展因素包括是否能充分发挥能力、创造性及成就实现等。

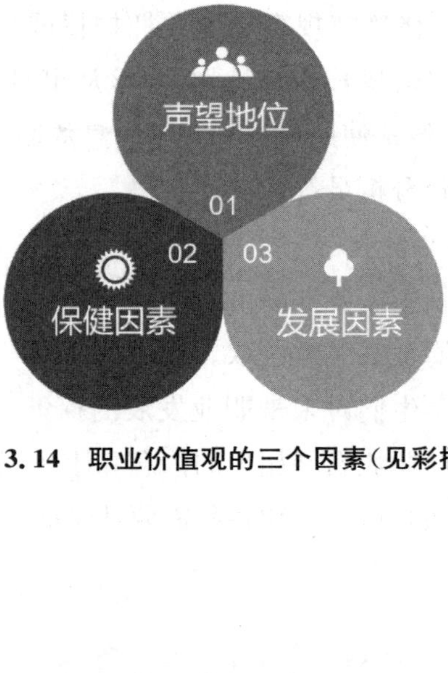

图 3.14　职业价值观的三个因素(见彩插)

有些学生认为成为政府或企业的管理层才是成功，有些学生更喜欢安稳有保障的生活，还有些学生希望工作“能充分发挥自己的能力”。中学生的价值观可能受到性别、年级、文理科、父母文化水平及其职业等的影响，在进行规划时需要结合多方面考量。

第四章　学　　习

本章将为教师们介绍中小学生学习的特征。通过了解中小学生的学习兴趣、学习风格、超前学习的基本特征，促进学生提高自我效能感，帮助学生制定恰当的学习目标，避免和减少因学习压力过大而引起的考试焦虑等不良情绪。

第一节　学习兴趣

一、案例与问题

佳佳是一个乖巧懂事的女孩。在小学6年里，佳佳的学习成绩一直名列前茅，老师和家长都夸她聪明懂事，学习也不用家长操心；佳佳也觉得成绩好全是因为自己聪明。

可是，佳佳上了初中后，第一个学期的期中考试，她的成绩竟然滑落到班级第10名之后，这在小学是从未出现过的。佳佳迷茫了："我不是很聪明吗？从小到大，大人都是这样说我的，我自己也是这样认为的呀！"

不理想的考试成绩影响了佳佳的学习积极性，对于考得不理想的科目她开始不那么喜欢了，一向名列前茅的她怎能接受这样的结果？幸亏班主任王老师觉察到了佳佳的情绪，在深入交谈后，王老师帮助佳佳分析了她的情况。到了中学，学习内容和学习压力都增加了，学习强度和努力程度也要进行调整才能适应中学的学习节奏……在王老师的帮助下，佳佳更加努力学习，终于在期末考试中取得了满意的成绩。佳佳明白了，成功是需要付出努力的。

二、知识

1. 为什么学生会出现偏科——学习兴趣

学习兴趣是指人力求认识世界、渴望获得知识和不断探求真理的一种认识倾向与情绪状态，是一种内在动机。内在动机是一种学生自觉努力的动机，拥有内在学习动机的学生，会有较好的主动性和求知欲，会对知识保持较长久的兴趣，通常能表现出较主动的学习行为和探索精神。家长和教师只需积极引导和配合学生的求知行为并坚持下去，就会帮助学生取得很好的成绩。外在动机是指学生在他人（通常是家长或教师）施加的压力推动下，或外在奖励的诱惑下，追求成功的动机，如学生为了达成父母和教师制定的目标而努力学习，或因为想得到自己喜欢的玩具而努力学习，外在成就动机是比较被动的学习动机，一旦外界的推动力量不存在了，学生就可能会选择中止学习而跑去玩耍。（如图 4.1 所示）

图 4.1　学习的外在动机与内在动机

2. 为什么要根据学生的学习效果调整教学进度——成就动机的培养

成就动机可通过训练的方式提高，一般分为直接训练和间接训练两种。直接训练指学生直接接受研究者的训练；间接训练指由教师先接受训练，然后再训练学生。成就动机的训练通常分为 6 个阶段。

(1) 意识化。与学生交谈、讨论，使学生意识到与成就动机有关的行为。

(2) 体验化。创设情境，让学生体验成败，了解取得成功须掌握的行为策略。

(3) 概念化。让学生在体验的基础上了解与成就动机有关的概念，如成功、失败、目标等。

(4) 练习。重复(2)(3)，多次重复可使学生将感性认识与理性知识结合起来，加深理解。

(5) 迁移。引导学生将学到的行为策略应用到专门设计的学习情境中，此学习情境要具备自选目标、自我评价、可体验成败等条件。

(6) 内化。使取得成功成为学生自己内在的需要，成为可自如运用的行为策略。

3. 为什么不以一次考试的成败论英雄——成败归因的训练

归因训练的理论假设是，学生只要相信努力学习终将带来成功，就会不断努力。因此，归因训练主要为了让学生体验学习的成败，并引导学生养成将成败归因于是否努力的归因倾向。归因训练一般分为如下几步：① 了解学生的归因倾向；② 创设学习情境，让学生在学习中体验成败，尤其要让学生体验到因为努力而获得成功；③ 让学生对自己的成败进行归因；④ 引导学生进行积极归因。

4. 为什么要用积极语言进行教学——自我效能感的培养

其一，自我效能感的培养。

(1) 直接经验。直接经验对自我效能感的影响是最大的，不断成功的经验会促使学生建立稳定而牢固的自我效能感。

(2) 间接经验。当学生看到与自己能力相当的人取得成功时，也会增强自我效能感，会认为自己也能完成同样或类似的任务；反之，如果能力相当的他人失败了，学生自己的自我效能感也会下降。这一过程主要是通过比较和信息获得实现的。

(3) 说服教育。通过书面或口头的建议、劝告、解释及引导等方式达到提高学生自我效能感的效果。

其二，外部学习动机的激发。

当运用外部强化来激发学生的学习动机时，要让学生确认强化与相关行为之间确定的因果关系，以使强化达到预期效果。强化分为正强化和负强化。正强化是指施加一个积极刺激(如给予物质方面的奖励或积极语言的表扬)以增加某种行为出现的概率。负强化是指撤销一个消极刺激(如罚站)以增加某种行为出现的概率。激发外部学习动机的方法：① 设置明确、具体、适当的学习目标；② 及时反馈学习成果；③ 进行积极的评价。

其三,内部学习动机的激发。

认知好奇心是内部动机的核心,它是一种探索外部世界的欲望,是指向学习活动内部的动力,通常表现为好奇、尝试、探索等行为。在学校教育情境中,可以通过以下方式维持学生的内部学习动机:① 创设问题情境;② 竞赛与合作;③ 学习动机的迁移。

三、教育教学建议

1. 设悬念,用心激发学生对学习的欲望

在教学过程中,教师可以通过巧妙地提出问题,层层解答、环环相扣的方式使学生对某种知识产生急于了解的心理,激发学生迫切的求解欲望,这样就容易提高学生的学习兴趣,达到事半功倍的效果。还可以借用有趣的故事、游戏导入新的课程,寓教于乐,使学生在愉悦的情绪中既复习了旧的知识,又对新问题产生了兴趣,之后学生会主动地投入探究学习中,学习效率自然会得到提高。

2. 提供良好的学习氛围与环境

良好的学习氛围和环境也是激发学生学习兴趣的关键所在。如果学生身边的人都在努力学习,相信学生自己也会更加努力。常见的课堂活动有辩论、游戏、抢答等。

3. 劳体结合,激发学生兴趣

不仅要让学生在学习上用脑思考,更需要让他们动手操作,这样可以使学生体验到乐趣,不会感觉枯燥、无趣。学生亲自动手操作后,记忆更加牢靠。组织学生参加课外活动,也是激发和培养其学习知识兴趣的重要途径。

4. 进行情感交流,互相了解,用学生感兴趣的方法教学

面对学生与课堂无关的提问,教师要耐心解答,不要用"我不知道,这个不会考,不用了解"应付,这么做会拉远和学生的距离,还会减少学生对学习的兴趣。把关爱献给学生,把信心还给学生,这是培养学生学习兴趣的基础。

另外,教师教学时如果能够充满激情和乐趣,提高学生的注意力,相信学生会被带入节奏中去,享受学习的乐趣。

5. 用积极语言肯定学生，用积极引导提升学生自信

用积极语言肯定学生，一定会产生积极、正向的效果。学生被积极语言肯定后通常会说："非常棒，觉得老师信任我，我感到很有成就感，老师觉得我是一个优秀的学生，我超喜欢这样的老师。"积极语言不仅能化解尴尬的师生气氛，营造良好的课堂氛围，而且还能化解学生的紧张感，让学生对学习充满信心。

教师不仅自己要跟学生沟通，还要促进学生之间的沟通。学生有各自的学习经验和学习技巧，这些也是他们能互相接受的学习方法。所以，要提高学生的学习兴趣，一定要给学生之间互相了解、互相讨论的时间和机会。

6. 随时反馈，不断提高学习兴趣

在教学过程中，教师首先要做到的是对课上的学习问题及时总结，其次也要对作业、测试等学生趋向性问题进行及时总结，充分发挥反馈问题对学生起到的指导和激励作用。等一个小的教学目标达到后，要再次抛出问题，使学生始终充满学习的动力，让他们感受到学习的乐趣。这样，学生的思维便会始终处于活跃的状态，能够以更积极的态度参与到学习活动中，从而真正激发出学习兴趣。

教师在不断指导的过程中，也要给学生留有一定的思考空间。对于提出的问题，教师不应很快说出最后的答案，而是让学生动脑，培养学生主动思考问题的习惯，可以对学生的思路进行引导，引领学生对问题做出探索。

第二节　学习风格

一、案例与问题

小贺与小庆学习成绩相当，但他们在课堂中的表现却截然不同。小贺上课时中规中矩，一般不主动响应老师的提问；小庆则积极活跃，经常会想到一题多解的方法，但小庆比较粗心，经常是基础题丢分，而靠附加题追平小贺的成绩。

老师问小庆:“基础题部分你都会,对吗?分丢得有点可惜了。”

小庆说:“我觉得基础题部分都是学过或见过的知识,没有挑战性,我不喜欢。快快地做完就好了,我把更多的时间放在有挑战性的附加题上了。我也知道这样很可惜,可是我就是控制不了自己。”

老师问小贺:“考试的时候你的附加题为什么常常空着,是觉得难吗?”

小贺说:“不难,你讲完后再出现这样的题我就会做了,但我觉得附加题是不属于我的,所以我从不看附加题。我只认真做完基础部分的题就好。即使是提前完成了答题,我也只会再认真看基础题的部分,而不去看附加题。”

二、知识

1. 为什么有些学生通常在相同情境中做出正确答案——场独立型与场依存型

场独立型认知风格的学生在信息加工过程中,倾向于依据自己内部的参照,并依据自己的内在标准对客观事物做出判断,心理分化水平较高,较少受外在因素影响和干扰;在学习风格方面,场独立型的学生更喜欢一般原理的学习,思维灵活,善于抓住问题的关键,更倾向于理科的学习。但场独立型的学生在与人交往的过程中不善于体察他人的情绪,社交能力较弱。

场依存型认知风格的学生在信息加工过程中,倾向于向外寻找加工的依据,易受环境因素的影响;在学习风格方面,场依存型的学生更喜欢学习具体的知识,倾向于选择文科,在今后的就业方向上也倾向于社会定向的职业。在人际交往中,他们善于察言观色并能留意到言语信息中的社会内容。

需要指出的是,两种认知风格并没有优劣之分,只是擅长的领域有所不同。

2. 为什么有些学生不爱主动回答问题——沉思型与冲动型

具有沉思型认知风格的学生倾向于采取细节加工策略,考虑问题时会比较全面,并经过深思熟虑,因此回答问题正确率较高,但时间较长,擅于处理需要考虑细节的问题。沉思型认知风格的学生在阅读、推理、记忆和创造力方面都会有比较好的表现。

具有冲动型认知风格的学生倾向于采取整体加工的策略，在需要对问题做整体性解答时表现较好。但他们总是急于求成，不擅于对问题做出细致准确的分析，回答问题时反应速度很快，准确性比较低。冲动型认知风格的学生往往会有阅读困难的情况发生，学习成绩通常也不太好。

3. 为什么有些学生能够同时想出几种解题方式——同时型与继时型

同时型认知风格的学生在面对学习问题时思路较宽，能够同时思考多种方法和假设，同时想到多种解决问题的手段和方式，解决问题时的思路是发散式的。同时型的加工方式更适合数学、空间问题等的解决。在性别差异方面，通常男孩的数学和空间解决能力会略优于女孩，认知风格的不同也是原因之一。

继时型认知风格的学生在面对学习问题时，思路会比较单一，需按步骤逐步进行，且每个步骤只考虑一种可能，解决问题的进程存在明显的先后顺序，第一个假设成立后再检验第二个假设，问题解决进程一环扣一环，不断尝试，直到找到最终答案。继时型的加工方式更适合于言语和记忆的操作。通常女孩更倾向于继时型加工，这也可能是女孩在语言和记忆加工方面比男孩好的原因之一。

同时型和继时型是认知风格的差异，而不是加工水平的差异。当学习方式与认知风格互相匹配时，不同认知风格的优势就能显示出来。

请教师注意观察班上的学生，哪些学生的认知风格是场独立型的？哪些学生是场依存型的？哪些学生是冲动型的？哪些学生是沉思型的？哪些学生是同时型的？哪些学生是继时型的？然后，为不同认知类型的学生量身定制适合他们的学习材料和教学方法。

三、教育教学建议

场独立型与场依存型的学生对不同教学方法的适应情况有所不同。场独立型学生更能适应教学结构不太严密的教学方法。场依存型的学生更适应有严密结构的教学方法，因为场依存型的学生需要教师为他们提供外来知识结构，而且需要教师的明确指导与讲解。有些教师在教学活动中，习惯于使用较固定的教学方式和策略，难以照顾到不同类型学习风格的学生。如果学生认知风格与教师教学风格匹配，学生学习效果就会比较好；学生认知风格与教师教学风格匹配情况不好，学生学习效果就会差一些。

研究学生的学习风格对教师的教学效果有重要影响，下面是针对场独立型与场依存型两种学习风格的指导方法。

1. 辅导的针对性

对于场依存型学习风格的学生，应该给予结构清晰的知识结构，给学生提供外部支撑，将学习问题分解成几个小目标逐步完成，并对学习结果进行及时反馈。教师指导学生搭建知识框架，引导学生将所学知识结构化。

对于场独立型学习风格的学生，要给予一定的自主性，允许学生自主选择学习策略、速度和方法，教师适时参与和引导，把握大的方向，提出调整意见，充分发挥学生的学习潜能。

2. 教学形式的选择

对于场依存型学生，教师可采取启发、引导、鼓励同伴讨论或进行小组合作学习等方法，通过及时反馈，鼓励学生看到自己的进步，激发学生进一步学习的兴趣，使学生逐渐建立自己的学习节奏，养成独立思考的习惯。

对于场独立型学生，可以先让学生自己进行思考，然后再与同学进行交流，教师可以参与到同学们的讨论中，有目的地引导学生逐步完善思路，让场独立型认知风格的学生体验到合作的益处，增强对合作学习的兴趣。

3. 课堂练习内容的安排

教师在安排课堂练习时，也要针对不同学习风格的学生给予不同的内容。如针对冲动型学生可选择一些选项具有迷惑性的选择题，不设时限，但要求学生细心分辨，耐心解答，要求正确率。而针对沉思型学生的认知特点，可以给予大密度、快节奏的训练，题量可以逐步增加，限制时间，提高其解题速度。

4. 指导的具体化

针对冲动型学生的缺点，这里介绍一些具体的方法，以期纠正学生的行为问题。研究表明，只是对学生进行单纯的言语提醒，要求学生将反应速度放慢，并不会产生实质性的效果，但通过对事物进行具体分析、比较不同材料的构成、分析视觉刺激等方式，会对纠正冲动型认知行为产生较好的效果。此外，还可以引导冲动型学生将自己解决问题的过程大声讲出来，在反复练习获得成功后，再由大声讲出变成轻声低语，之后再演变成默默自语和内心独白。此种方法的目的在于训练冲动型学生改掉粗心大意的问题，能够细致而有条不紊地进行学习和解决问题。

每个学生的认知风格都有具体特点，有可能是 3 个维度 6 种认知风格的不同组合，而每种风格都各有所长，也各有所短。因此，在教学策略的选择上要注意扬长补短，使学生掌握并灵活运用多种学习方法。

教师在课堂实践操作时可尝试采用以上列举的方法，在实际应用时可配合自己的教学经验，尊重学生的个体差异，在不同环境作用下灵活使用；帮助及改善学生问题时还可与家长多沟通，让家长理解方法实施的原因，通过家校合作，帮助学生解决学习问题。

第三节　超前学习

一、案例与问题

“这几天心里颇不宁静。今晚在院子里坐着乘凉，忽然想起日日走过的荷塘，在这满月的光里，总该另有一番样子吧。月亮渐渐地升高了，墙外马路上孩子们的欢笑，已经不见了；妻在屋里拍着闰儿，迷迷糊糊地哼着眠歌。我悄悄地披上了大衫，带上门出去。”

“沿着荷塘，是一条曲折的小煤屑路。这是一条幽僻的路；白天也少人走，夜晚更加寂寞。荷塘四面，长着许多树，蓊蓊郁郁的。路的一旁，是些杨柳，和一些不知道名字的树。没有月光的晚上，这路上阴森森的，有些怕人。

今晚却很好，虽然月光也还是淡淡的。”

……

“于是又记起，《西洲曲》里的句子：‘采莲南塘秋，莲花过人头；低头弄莲子，莲子清如水。’今晚若有采莲人，这儿的莲花也算得‘过人头’了；只不见一些流水的影子，是不行的。这令我到底惦着江南了。——这样想着，猛一抬头，不觉已是自己的门前；轻轻地推门进去，什么声息也没有，妻已睡熟好久了。”

上述片段选自中学语文课文《荷塘月色》，它是中国著名文学家朱自清任教清华大学时所写的一篇散文。文章写于1927年7月，当时正值“四·一二”蒋介石背叛革命之时。曾参加过“五四”运动的爱国知识分子朱自清，面对这一黑暗现实，他悲愤、不满而又陷入对现实无法理解的苦闷与彷徨之中。怀着这种孤独苦闷的心情，他深夜漫步于清华园内写下了《荷塘月色》这篇文章。文章寄托了作者一种向往于未来的政治思想，也寄托了作者对荷塘月色的喜爱之情。（文艺，2015）

二、知识

1. 为什么要给学生布置稍高于他们认知的学习内容——最近发展区

苏联教育心理学家维果茨基提出了“最近发展区”理论，认为学生的发展有两种水平：一种是学生目前所拥有的水平（实际发展水平），指独立活动时所能达到的解决问题的水平；另一种是学生在他人的帮助下可能达到的发展水平（潜在发展水平），也就是通过教师或家长的帮助所能获得的潜力。两者之间的差异地带就是最近发展区。

换句话说，最近发展区就是学生在有教师或成人帮助的情况下，所能达到的解决问题的水平与独自解决问题所达到的水平之间的差异。教学创造着最近发展区，实际发展水平与潜在发展水平之间的动力状态是由教学决定的。

2. 为什么要逐步设置学习难度——支架式教学

支架式教学是一种以学习者为中心的教学法，目的在于培养学生的问题解决能力和自主学习能力。（如图4.2所示）此教学法一步一步地为学生提供适当的、小步调的线索或提示（支架），让学生通过这些小支架得到一步一步的提升，逐渐发现和解决学习中遇到的问题，掌握所要学习的知识，提高问题解决能力，成长为一个独立的学习者。（陈琦，刘儒德，2007）

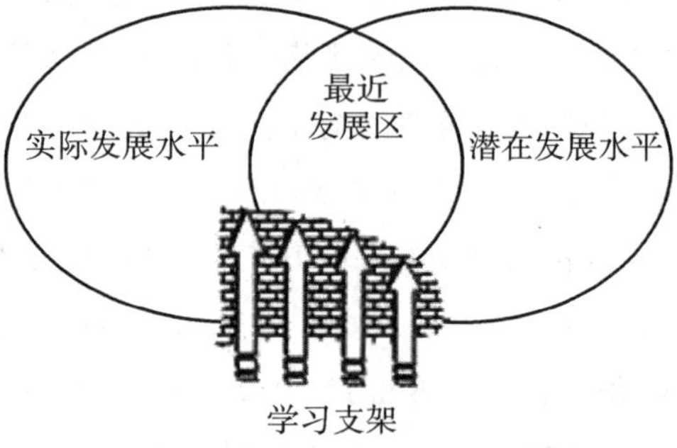

图 4.2　支架式教学

三、教育教学建议

从案例的课文来看，作者朱自清通过月下的荷塘美景，心灵得到了暂时的解脱。离开了荷塘，回到家中，他也就结束了徜徉古今的思绪，一切恢复正常。荷塘是他心中的桃源，是他现实生活外能带来心灵自由的世界。荷塘象征着自然的景色，从一定角度与现实世界是对立的。作者沉醉于自然的荷塘景色中，洗去尘世间的烦扰，让心灵得到一丝安慰。所以荷塘在课文中被赋予了特殊的含义。

根据教育心理学家维果茨基对“最近发展区”的定义，教师要了解学生现有的发展水平，即学生凭借过去的学习经验、积累的知识，在没有任何人指导的情况下，能够独立达到的水平。结合课文来看，学生现有发展水平是发现作者在课文中描写自己沉醉于荷塘美景。

相对应的潜在发展水平，是作者远离现实世界的喧闹繁杂，在自然中获得了心灵的返璞归真。对文章的解读并没有唯一答案，教师可以鼓励学生进行探讨，结合教学内容进行指引，通过广泛发动学生搜集资料、阅读他人观点等方法，让学生形成自己的观点，与教师或者同学们进行交流，形成更多思想上的争鸣。

如何使学生对荷塘月色的感性、抽象的“美”的认识上升到“自然之美”的本质定位，再结合历史背景了解作者烦恼的原因，这一段距离，就是“最近发展区”。实现“最近发展区”的发展，要注意如下三个方面。

1. 因材施教，分层教学

教师通过课堂内容的展示和呈现，让学生对荷塘月色的美景进行感知，但不同学生感知的强度和深度是不一样的。于是，教师进行了分层教学，基础层是理解“荷塘”代表自然美景，作者对荷塘的喜爱就是心灵对自然的向往。相对于能力水平较高的学生，可进行下一步的学习，对文章的深层背景进行探究。

2. 小组学习，合作探究

“最近发展区”理论还强调“小学低年级学生的发展来自于合作，发展来自于教学”。教师在实际课堂中，可采用让学生合作的方式来促进学生的学习。在课堂中针对该课文进行基本解释后，让有兴趣有能力的学生结成小组，对“荷塘”的深层次含义进行探究。既可以在组内学习，小组每位成员各抒己见，最后汇总形成报告，也可组间形成合作，每组讨论并确定一个观点，组员们收集资料，在小组之间进行交流。

3. 学生主体，支架教学

(1) 预热：把学生引导至一定的问题情境中，并为学生准备好可能需要的材料和工具。

(2) 探索：教师设立目标，鼓励学生尝试探索。教师可以为学生提供解决问题的原型、示范、反馈。

(3) 独立探索：让学生确定探索方向和预解决的问题，独立选择方法进行探索。

支架教学的三个环节强调了随着学习过程的推进，教师的指导成分应逐渐减少，将监控学习和探索的责任逐渐由教师转给学生，最后撤去“支架”。在为学生搭建“支架”的过程中，教师的任务如下。

- 激发兴趣：将学生引入有趣且有意义的任务情境中。
- 降低难度：将任务分解成若干个可以掌握的组成部分。
- 维持方向性：使学生的注意力保持在任务和寻求解决问题的方法上。

● 指明关键性特征：强调任务的关键部分。

● 控制挫折感：减小任务对于学生的压力，但也不能造成学生对于教师的依赖。

● 示范：模仿学生所尝试的问题解决方法，以便学生反过来以更为适宜的方式模仿教师的行为。

支架式教学的核心思想在于，教学应在充分了解学生现有发展水平的基础上，为学生提供带有一定难度的内容，调动学生的学习潜能，超越现有发展水平达到下一发展阶段（也就是最近发展区）的水平，从而达到不断提高学生素质的目标。

知识拓展

“最近发展区”理论的启示

维果茨基根据对小学低年级学生的研究得出，学生在发展过程中存在两种发展程度，一种是当前的程度，也就是学生自己能够完成某个任务的能力；另一种是可能达到的程度，也就是借助外界帮助完成某个任务的能力。最近发展区就是这两种程度间的距离。最近发展区是个有限的“区域”，并非是具体的“点”，学生的“最近发展区”是持续发展的，而不是固定不变的。因此，教师在教学环节中，饰演“鼓励者”和“支持者”的角色，以学生为中心，主动帮助学生，激发学生的兴趣，使学生在头脑中建构自己领会的知识，促使学生积极发挥潜能，超越当前的最近发展区而踏入下一个发展区。教师需要注意如下两点。

其一，最近发展区有两个发展程度，也就是孩子自身拥有的积极力量，加上借助外界力量（教师和家长协助），从当前的程度向可能达到的程度发展。这就要求教师积极改变教学方式与方法，充分考虑学生的实际水平，做到恰到好处地使学生掌握并能灵活运用所学知识。

其二，关注可能达到的程度。教学的最好成果就是学生能抵达可能达到的程度，换句话说，教师能够在当前程度和可能达到的程度间实施教学，有效促进学生的发展。例如，初二数学中的三角形相似这个内容，课前教师可以带着学生做相关的教学实验：让学生使用之前掌握的知识去测量每周升国旗的旗杆的高度，这会使学生们很感兴趣，但是由于不能爬上旗杆去测量，他们会很不解。这时就需要教师能够充分利用资源，引导学生实行测量，获取数据。如何对这些数据进行处理呢？在他们还没学习相似三角形的情况下，他们是不懂的，不能理解的。因此，这个过程会激发学生产生矛盾，顺着这个发展的趋势，再加以引导，然后带学生回到课堂上来。这种教学方法会比单纯讲解的方法效果好，也会培养学生对原本不感兴趣的知识点产生兴趣。

第四节　学习的自我效能感

一、案例与问题

实验：科学家们将一条巨大的北美狗鱼和一些小鱼一同放入水箱中，并用摄像机连续记录狗鱼的活动。

数日后，科学家们将实验条件做了改动。这次他们在狗鱼和小鱼之间放了一道玻璃挡板，狗鱼因为受到了玻璃挡板的阻挡，每次当它想吃小鱼的时候，都会撞上玻璃，狗鱼不断尝试却又不断受阻，最后不但吃不到小鱼，还头疼难忍。在摄像机的镜头下，狗鱼猎食的失败经历被完整地记录了下来。数日后，狗鱼已经非常饥饿但已经不再去撞玻璃了，这时，科学家们取走了玻璃挡板。（如图 4.3 所示）

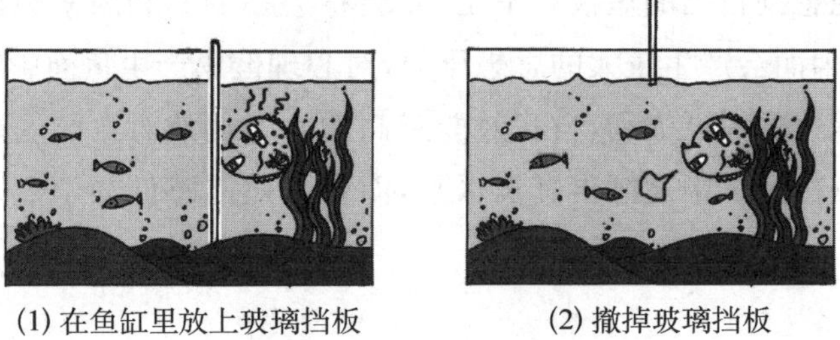

(1) 在鱼缸里放上玻璃挡板　　(2) 撤掉玻璃挡板

图 4.3　自我效能感实验图

让科学家们感到惊奇的是，尽管小鱼们如从前一样在狗鱼身边游来游去，但狗鱼却并没有做出任何捕食小鱼的举动。狗鱼依然在随处都是猎物的水箱中自如地游动，而且它早已饥肠辘辘，可是它竟然没有吃这些小鱼。是之前那么多次痛苦和失败的捕食经历，让狗鱼相信——它没有办法再做任何努力了。

二、知识

1. 为什么学生更喜欢学习自己擅长的知识——自我效能感

案例中的狗鱼，放弃尝试的原因在于，它多次失败的经历造成了它的自我效能感丧失。自我效能感是指相信自己的能力足以完成某项特定任务的自我信念，学业自我效能感越高，学生就越相信自己拥有实现学业成功的必备能力。

2. 为什么有些学生考试失败后会一蹶不振——自我效能感的功能

(1) 自我效能感会影响学生的行为选择。自我效能水平高者倾向于选择富有挑战性的任务，比如对自己学业成绩效能感高的学生就敢于给自己设置更高的目标和更远大的志向。

(2) 自我效能感的高低决定学生为了达成目标将付出的努力程度，以及在遇到挫折或不愉快经历时的坚持性。自我效能感高的学生在遇到难的题目时，相信自己能通过不断思考解出难题，而自我效能感低的学生则会选择放弃。

(3) 自我效能感影响学生的思维模式和情感反应。自我效能感低的学生会更多地想到自己的短板和不足，并会将潜在的不利因素想象得比实际情况严重，因而会产生较大的思想压力，对心理健康产生负面影响。比如同样是一次偶然的考试失利，自我效能感高的学生仍然对自己的能力保持自信并在下一次考试中发挥出真实水平，而自我效能感低的学生则容易因此一蹶不振。

三、教育教学建议

自我效能有三种影响因素，从这些影响因素入手，能较好地提升学生的自我效能感，帮助他们鼓起追求成功的勇气。

1. 个人的成败经验

这个效能源对自我效能感的影响最大，如图 4.4 所示，过去的优秀成绩能提高效能预期，效能预期的提高可以帮助个体实现目标，新的成绩又会变成经验的一部分，提高自我效能感，达到一种良性循环。

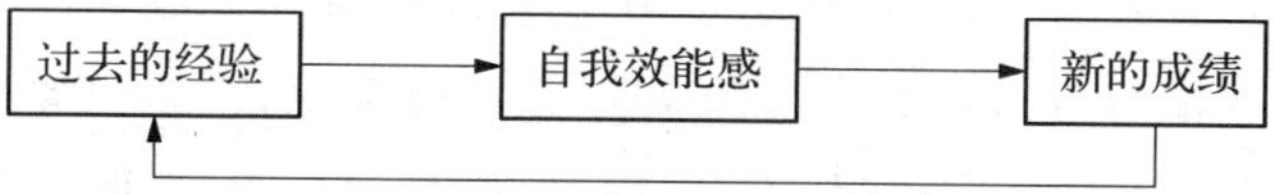

图 4.4　过去经验与自我效能的循环

反复的失败会降低效能预期，使人陷入恶性循环。教师应像下面“案例一”中的魏教师一样，及时运用积极语言鼓励学生，使学生相信自己的能力与努力会得到回报，坚持下去一定会取得好成绩。

案例一

新学期开始时，每个班的倒数第一名都被分到了魏教师的班中，其中张军同学是这几个学生中的倒数第一名。一次语文课快结束、学生们差不多已经熟练掌握时，魏教师请张军翻译一下第一段，结果张军开口就把“蔡桓公”错读成“蔡恒公”，同学们哄堂大笑。笑声平息后，魏教师说：“我发现张军同学有了进步，开始独立思考问题了。桓和恒是形近字，他没记住是他的问题，但他能根据桓的字形想到恒字的读音，而不是遇到生字就不读、不想。如果他经常这样思考问题，学习肯定会有很大进步。”

2. 替代性经验

替代性经验是指人们通过观察别人的行为和行为结果，获得关于自我做出同样行为时所能获得的行为结果的可能性。当学生看到与自己水平相当的同学取得成功时，他的自信心也会增强。如“案例二”中的李老师，利用两个调皮学生的互相竞争，唤起了这两个学生对学习进步的渴望。

案例二

初中三班有两个有名的混世魔王“大王”和“小王”，入学时成绩都处于中等偏下的位置。两个学生都天资聪颖，只是平日里贪玩，总是把功课抛在脑后。一次“小王”考试发挥得不错，进步了十几个名次，李老师在公开夸奖之余私下把“大王”请到办公室，问：“你觉得自己比小王差很多吗？”又讲起自己之前带过的调皮学生发奋用功后从倒数考入重点中学的故事。之后，两个“魔王”都把心思收回到了学习上，互相鼓励、支持，都取得了不小的进步。

3. 言语说服

他人的言语说服可以使人相信自己可以做到以前不曾做过的事情，说服效果与劝说者的可信度、威望和立场有关。对于中小学生而言，教师的积极语言显然是举足轻重的，如“案例三”中的秦老师，一句鼓励可能会改变一个学生的自我评价。

案例三

从农村来的翠玲是一个不爱说话、在人群中也不扎眼的女生。入学以来几次数学考试都不理想，她渐渐也没了兴趣，遇到难度稍微大一点的题目就空着不做，偏科越来越严重。

一次数学课上，老师请同学上讲台做题，翠玲做了好久都没解出来。秦老师当着全班同学的面说：“翠玲同学很有数学天赋，只是太细致了，平时花在题目训练上的时间不多。你先回去，课下多练习几道题目，说不定能拿个满分呢！”

第五节 成就动机

一、案例与问题

三个忙碌的石匠在雕塑石像。有人分别问了他们一个同样的问题:“你在这里做什么?”

第一个石匠说:“你看到了吗?我正在凿石头,凿完石头,我就可以回家了。”

第二个石匠说:“你看到了吗?我正在雕像,这是一份很辛苦的工作,但是酬劳很高。毕竟我有太太和四个孩子,他们需要温饱。”

图 4.5 三个石匠

第三个石匠停下来,骄傲地说:“你看到了吗?我正在做一件伟大的艺术品。”(如图 4.5 所示)

二、知识

1. 为什么两个智商在相同水平的学生成绩可能大相径庭——成就动机

成就动机是人们通过克服困难、达到较高成就标准的意愿。比如上面的三个石匠,前两个石匠在工作时脑子里是“完成任务即可”,而第三个石匠则关注的是“做一件伟大的艺术品”,第三个石匠每天干活时是快乐的,他也最可能成功。

成就动机是人们希望从事对个人有重要意义的,且有一定困难的、具有挑战性的活动,并希望在活动中能取得完满的结果和超过他人成绩的动机。(陈琦,刘儒德,2007)哈佛大学教授麦克利兰及其助手在对成就动机所做的开创性研究中,呈现给小学低年级学生 4 张意义模糊的系列图片,要求他们根据图片编故事（宣称是测验创造性和想象力的）。一般认为人们会将自己的动机投射进编写的故事中，研究者可以根据被试编写的故事中涉及成就内容的多少测量其成就动机。比如，对图 4.6 中的场景，你会编出一个什么样的故事？成就动机较高的个体也许会说，图中的人物为了一项将会引起世界关注的科学研究已经工作了几个月，而成就动机低的个体也许会说这个工人干完了一天的活，很高兴可以回家休息了。早期研究发现，在这类成就动机的测验中，获得高分的小学低年级学生学习成绩也更好。

图 4.6　测量成就动机的一个场景图

2. 为什么不同的学生对于成绩的差异给予不同的解释——影响成就动机的因素

美国著名心理学家韦纳发现，学生可能将成败归结为 4 种因素：能力、努力、任务难度、运气。能力和任务难度这两种稳定因素能导致强烈的成就期望，努力和运气则是不稳定的，随着环境的不断变化，很难让人产生期望。（见表 4.1）比如，一次考试成绩不理想，小 A 把它归结为稳定的因素，如能力不足，则小 A 觉得自己很笨之后也很难获得成功了，从此一蹶不振。但小 B 把这次成绩失败归因于努力不足，之后更加努力学习，取得了进步。

表 4.1 韦纳对成就归因的划分(对糟糕成绩的解释)

	内部原因	外部原因
稳定因素	能力 (我在数学上本来就没有天赋)	任务难度 (物理考试太难了,题目太多)
不稳定因素	努力 (我考前去听演唱会了,没有好好准备)	运气 (太倒霉了!这次的考试题目都正好是我请假时老师讲的)

三、教育教学建议

成就动机是驱动学生在学习生活中获得成功或取得成就的内部力量,对于提高成绩至关重要。在实际生活中,教师经常发现,很多学生尤其是成绩不太好的学生,对于学习没有热情,甚至似乎对于考试成绩和排名的高低也不在乎。以下的几点建议,希望可以为教师帮助学生提高成就动机起到一定作用。

1. 为学生确立合适的目标

当教师在为学生确立目标时,先要充分考虑每个学生的现有能力和水平,尊重学生的差异性,根据学生的实际情况酌情确立目标。第一次的目标既要有一定难度但又不能太难,需要学生经过中等程度的努力可以达到,一旦学生达成目标,他就会产生获得成功的信心。之后,教师可将目标逐步提高,每向前一步,学生的信心就会增强一分,以此形成正向循环,一步步将学生引向优异。目标应该是学生经过努力可以达到的,而不是遥不可及的,同时目标应该是明确具体的,而不是模糊抽象的。

2. 强化成就意识

强化成就意识可分为榜样强化与目标强化。

(1) 榜样强化。引导学生搜集不同科学领域的伟大人物,或者学生身边的榜样例子,并组织学生做专题讨论,分享自己搜集的成果和个人看法。全班展开讨论,教师引导、帮助学生总结出值得学生学习的榜样人物和榜样品质。教师鼓励学生树立自己的远大理想,并朝着目标持之以恒、奋勇前进。

（2）目标强化。教师可以和学生一起根据学生的学习状况，制定切实可行的短期目标，目标要具体到每一学科、每日、每周作业的质量标准，以及单元成绩目标等。当学生获得当前阶段的成功后，学生会产生一定的成就感。这种成就感可以起到自我强化的作用，促使学生追求更高的目标。然而，这种成就感也可能使学生停滞不前，安于现状。所以，教师在肯定和赞扬学生取得成就的同时，要进一步帮助学生树立更高的成就目标，引导学生将成功带来的满足感转化为持续成长的动力。这样，学生在不断地挑战目标的过程中，增强了学习能力，提高了成就动机水平，也养成了良好的学习习惯。

3. 善用教师的期望效应

如果教师对学生的学习行为和学习结果评价较高，或者说学生在学校生活中经常能够得到教师积极语言的表扬和肯定，那么，这些学生往往具有较高的成就动机水平。

期望效应即皮格马利翁效应，也叫罗森塔尔效应。简单地说，这个效应就是指学生会按照教师或父母的期望来塑造自己的行为，因此让每一名学生都能感受到教师和父母的热切期望和有效指导是非常必要的。教师可视具体情况采取一些方法，如定期、分批关注一定数量的学生，可每两周对一组 N 位学生给予重点关注，以观察和指导为依据，给该小组中学习能力强的学生增加一些课外读物，选一些有一定难度但经过学生努力后可以解答的趣味数学题；对学习能力差的学生可根据他们的特长委以重任，让学生感受到自身的优势和教师的重视。

4. 进行合理的成就归因

参照韦纳的成就归因划分（见表 4.1），最理想的成就归因是将成功归结为能力强，因为这种内部的稳定的动机使学生期望能再次取得成功。相反，将失败归结为努力不足（而非能力不足）更理想，因为努力是不稳定的，这使学生们相信：如果自己能加倍努力，下次一定会做得更好。

如果学生经常把成功归因于不稳定因素（如努力、运气），就体验不到自己能力强而带来的骄傲和自尊。这类学生又常常会把失败归因于稳定的内在因素——能力不足，结果变得沮丧和不思进取，不再努力，因为努力了也没有用,这叫作“习得性无助”。不幸的是,一些其实很有天赋的学生也会有这种不良的归因风格,且一旦形成就会难以改变,最终影响学生所能取得的成就。

知识拓展

帮助习得性无助的学生

实验:让一些因为无法完成数学难题而感到无助的学生接受两种治疗,第一种治疗只在做题成功时受到奖励,第二种治疗不仅在做题成功时给予奖励,还要在做题失败时候告诉他们不必着急,要更努力。结果第一组的学生成功时表现还可以,一旦失败则会放弃做题,而第二组学生面对做题失败后依然会积极尝试,做出了更多的题。

对于习得性无助的学生来说,归因训练是一种有效的方法,训练的关键是改变对失败的态度。让学生把失败归因于不稳定的因素,即还可以再努力,让他们知道自己还能有所作为。

第六节　目标管理

一、案例与问题

日本马拉松运动员山田本一曾两次(1984 年和 1987 年)夺得国际马拉松比赛世界冠军。当记者问他为什么能取得如此成绩时,山田本一总是回答:“凭智慧战胜对手!”

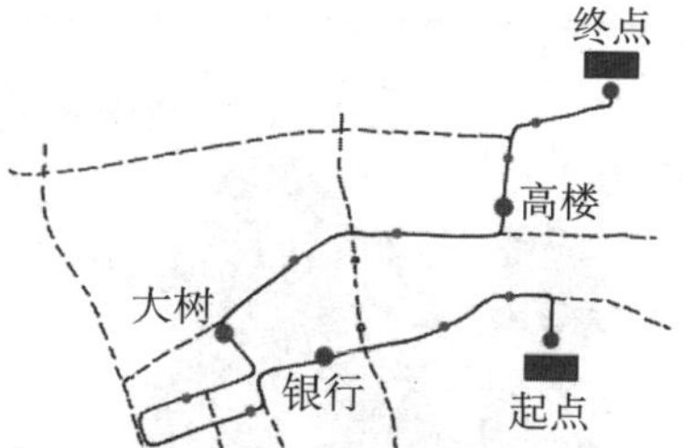

图 4.7　山田本一所画的马拉松路线标志图

山田本一在他的自传中这样写道:“每次比赛前,我都要乘车把比赛的路线仔细看一遍,并把沿途比较醒目的标志(如图 4.7 所示)画下来,比如第一标志是银行;

第二标志是一个古怪的大树；第三标志是一座高楼……这样一直画到赛程的结束。比赛开始后，我就以百米的速度奋力向第一个目标冲去，到达第一个目标后，我又以同样的速度向第二个目标冲去。40 多公里的赛程，被我分解成几个小目标，跑起来就轻松多了。如果开始我把我的目标定在终点线的旗帜上，结果当我跑到十几公里的时候就疲惫不堪了，因为我被前面那段遥远的路吓到了。”

二、知识

1. 为什么要分解目标——目标理论

目标理论也称目标设置理论，是美国马里兰大学心理学教授洛克提出的一种管理理论。洛克教授认为，目标具有激励作用，目标可以促使人将自身的需要转变为行为的动机，它会使人的行为朝向目标，并自觉地将自身的行为结果与目标进行对照，经过不断调整和修正，最终实现目标。将目标分解的作用就在于，将一个长远目标分解成若干个小目标后，遥不可及的长远目标变成了一个个具体而触手可及的目标，是通过努力就可以达到的，而每一个小目标的实现对个体而言都是一种激励，会增加个体的自我效能感，增强成就动机，一个个小目标结果的反馈也有利于个体及时调整和修正自己的行为。

2. 为什么要定制个人目标——目标的特点

（1）目标的具体性，使之达到能精确观察和可测量的程度。比如把目标定为“某次考试总分考多少分”或“一学期内进步多少名”这种可以具体量化的语句，要比“我希望我可以比现在成绩更好一些”这种语句更好。

图 4.8　不合理的目标

（2）目标的难度性，指目标的难易程度是否具有挑战性。要根据自己现在的位置，给自己定实际的目标。定的目标太高，会让信心越来越少（如图 4.8

所示);定的目标太低,会失去拼搏的斗志。也就是说,目标应该是“跳起来,够得着”的。

(3) 目标的可接受性,指确立目标的人要接受和承诺实现目标。制定的目标学生一定要亲力亲为,而不是被教师或家长指定,学生自身应确实渴望并会付出努力去实现。

目标确定后,就得埋头努力,能够完成一个一个小目标,每次考试都能享受成就感,学生就会越来越自信,就有可能迈向更大的目标。

三、教育教学建议

目标管理应包括以下三步,循序渐进,形成闭环。

1. 制定总目标

大多数中学生写出的目标都是以升学或者名次为内容的,在这种情况下,教师需要引导学生先将目标转化成具体的分数,以便随时比对努力的结果。例如,学生的总目标是考上某某重点高中或重点大学,那么需要学生去搜索查找该高中或大学的近 3—5 年内的升学分数线,以近年来分数线中的最高分数上浮 10 分作为自己所要达到具体的目标。

2. 分解成小目标

确定了大目标后,就要按照时间长度分解为小目标,填写在图 4.9 所示的目标制定图中。例如,学生设定的目标转化后是“期末总成绩达到 600 分”,那么就要该生对照自己现有的成绩,将这个目标分数具体细化到每一个学科的目标分数,找出目前各科成绩与目标成绩之间的差距,这个差距即该生本学期在这门学科上需要提高的分数。之后进一步细化,根据本学期各学科需要提高的差距分数,确定每个月各学科需要提高的分数。

图 4.9　目标制定图

3. 监督执行

在制定和分解了目标之后,学生就可以根据本月的目标计划,确定每天以何种形式、花多长时间提高各门学科的成绩了。教师在学生细化目标和执行计划的过程中,只需要根据对学生学情的把握,检查细化的目标是否可行,并监督学生按照已制定的目标计划执行即可。当学生在目标制定和执行过程中出现偏差时,教师须给予提示和建议,重新制定或者修改原目标,再继续执行,形成闭环。

第七节 学习压力

一、案例与问题

小奥同学的学习基础不太好，成绩总在及格线徘徊。自从升入六年级后，他就更加刻苦努力了，几乎放弃了所有的业余爱好和休闲时间，全身心扑在学习上。面临升学的压力，父母也对他抱有很大的期望，总是询问他的考试成绩。寒假考试前一晚，他紧张得睡不着觉，考试时又恶心呕吐浑身出汗，反而发挥得不好。

小奥的数学老师注意到了他，把他悄悄叫到一边，告诉他："这次只考了59分，老师愿意借给你一分，让你及格，但是下次要还给老师这一分，考到61分，好吗?"寒假结束后小奥的情况发生了很大改变，他知道自己只要比上次多考两分就可以完成和老师的约定，反而对数学课产生了兴趣，课上注意力集中了，完成作业也变得轻松，在后面的考试中不断进步，这让父母和数学老师都感到惊讶和欣慰。

二、知识

1. 为什么中学生容易情绪低迷——压力

压力是在外界压力源的作用下造成的人的生理变化和情绪波动。中小学生的压力源很多，比如课业负担重、家人期望高、学习成绩不理想、人际关系紧张等。

2. 为什么适度的压力对学生有好处——压力的作用

压力对个体的影响不但有消极的一面，也有积极的一面，问题的关键在于，个体所承受的压力是否在能力范围之内。如上述案例故事中，教师就是利用小奥同学的压力，激发了他的学习兴趣和注意力，从而实现了小奥的学习成绩改善并促进他在其他方面的进步。如图 4.10 所示的"耶克斯—多得森定律”，每种活动都会有最佳的动机水平，动机过低或过高，都会造成工作效率下降。一定程度的压力可以激发学生的学习动机，使其集中注意力，增强机体活力，减少错误的发生，提高学习效率；但当压力过高则会使学生在生理上产生过度的反应，不仅难以发挥出正常的水平，长此以往更会影响到学生的身心健康状况。

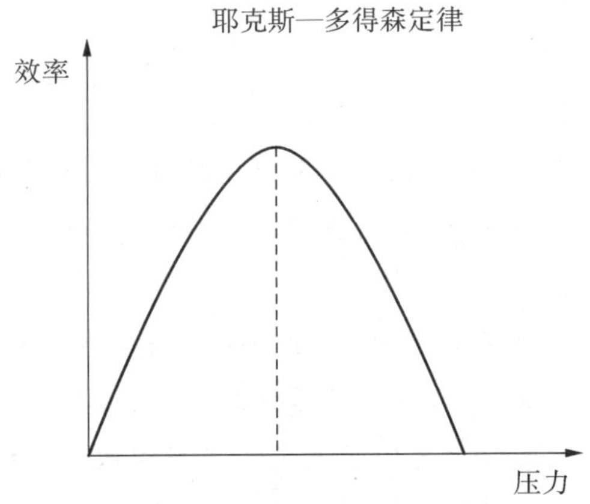

图 4.10　压力与效率的倒 U 形关系

三、教育教学建议

1. 保持压力在适宜的水平

压力是提高人的动机水平的有力工具，关键是压力要适度。教师可以设计有挑战性的目标、在班内设置考前倒计时等。需要注意的是，压力的水平必须在学生所能承受的范围之内，如果你发现你的班级整体氛围低沉、士气不高，那么也要反思是否是学生压力过大引起的，如果是，则需要采取减压措施。

2. 培养有效的压力应对策略

压力过大也并不可怕，只要采取合理的应对策略就可以避免压力对个体的不良影响。表 4.2 中是 6 种应对措施，教师可以依照表格对压力大的学生进行指导。

表 4.2　有效的压力应对策略

应对策略	具体做法
适应和自我接纳	当遇到较难任务或失败时，学生会出现不安、恐惧、愤怒、忧虑等消极情绪，如果消极情绪反反复复，就会陷入恶性循环很难自拔。教师可以帮助学生接受这些情绪，而不是忽略或压抑它们。摆脱自责、幻想、怪罪他人的思维定式，训练自己以乐观积极的态度看待问题。
自我宣泄	采取不危害他人及社会的方式将内心困扰宣泄出来，比如写在纸上、面向高山大声呼喊、打沙袋等。
转移	当情绪不好时，可以转移注意力进行自我调解，如听音乐、练书法、学绘画，也可以到室外散步或运动，哪怕仅仅是到大自然中呼吸一下新鲜空气。
向人倾诉	遇到烦恼时，可以找父母、同学、教师聊天，有时别人可以指点迷津，有时陪伴和倾诉也可以缓解压力。
解决问题	把面临的压力当作对自己的考验，学习解决问题的多种方法，从自己或他人过去的经验中吸取教训，集中精力解决眼前的问题。
自我放松	采取放松术：舒服地坐在椅子上放松，脖子和肩膀放松，挺直后背，闭上眼睛。集中注意力呼吸，呼气时就像要把压力释放出去一样，吸气时就像把能量吸收进来一样。待情绪平静、有了精神后再投入学习中。

3. 构建完善的社会支持

人们在不同环境下的感受不是独立的，而是相互影响的，所以在社会支持中得到的良好感受有助于学习压力的释放。学生在交流的过程中，向他人倾诉不仅有助于降低压力，倾听他人同样有助于降低压力，一方面可以在他人的经历中找到相似点，另一方面会感到自己对他人是有价值的，也让双方的关系更加亲密了。

除了家长外，学生最亲密的社会连接就是教师和同学。教师可以在考试前后把有倾诉需要的同学叫到办公室沟通，给学生倾诉的机会；也鼓励孤僻的学生在学习之余能够创造机会与其他同学接触，尝试打破自己封闭的生活圈，逐渐改变原有的生活方式。在学生感到沟通困难时，教师可帮助学生进行一些社交方面的训练，鼓励学生参加一些群体活动，以获得参与感和存在感。

第八节　考试焦虑

一、案例与问题

图 4.11　考试焦虑

大鹏是高三学生，马上就要高考了，他的焦虑水平变得越来越高，父母和老师都很担心。

大鹏平时成绩不错，如果高考能够正常发挥，考上重点大学应该没问题，可是大鹏每到大考就会异常焦虑。回想起中考的经历仍历历在目，当时大鹏坐在中考考场里，就着急想上厕所，打铃开考前还急急忙忙去了趟厕所，回来坐下后又想去也只有忍着，拿笔的手一直抖，闭上眼睛深呼吸之后才开始答题。（如图 4.11 所示）

虽然随着年龄的增长，大鹏的心理素质有些提高，应试能力也有所增强，但面对高考这样的关键时刻，还是担心不已……

二、知识

1. 为什么有些学生经常考试发挥失常——考试焦虑

考试焦虑指个体在应试情境的激发下，因受到个体认知评价能力、人格倾向和其他身心因素制约，产生的一种以担忧为基本特征，以防御或逃避的行为方式，通过不同程度的情绪反应所表现出来的一种心理状态。（徐岳敏，2010）

考试焦虑是当代学生中最常见的一种心理反应，程度不同，表现不同。有些学生在考试时表现为心跳加速，手心出汗，惊慌失措，思路中断，严重的甚至会产生休克的现象。

研究表明，适当的考试焦虑有积极的作用，它会使学生主动应对考试，努力为考试做准备，并使学生处于一种“备战”状态，可以提高学生的思维张力，激活思维，增强学习动机，从而在考试中取得理想的成绩。而不焦虑或过度焦虑则会对学习产生阻碍，不焦虑会造成学生学习动力不足，消极应对考试；过度虑焦会使学生注意力不能集中，从而在考试中难以发挥出自己应有的水平。当教师发现有学生长期处于焦虑状态，则要注意，因为这将会影响学生的身心健康，如产生情绪不稳定、焦躁或抑郁、失眠、恐慌、对学习缺乏信心等情况，甚至会出现恶心、头痛等躯体反应。（如图 4.12 所示）

图 4.12　考试焦虑

2. 为什么不能对学生采用同一缓解焦虑的方法——考试焦虑的影响因素

（1）主观因素。主观因素包括自我期望过高、知识准备和应试技能不足、自信心不足、考前身体状况不好、人格特征的不同，对考试反应不一、创伤性经历引起的考试焦虑等。

（2）客观因素。客观因素则由家庭因素和学校因素组成。一方面父母在学习上不断地施压，学生面对父母的期待和设立的目标加重了心理压力。另一方面学校中同学之间的竞争和教师偏爱好学生等都使学生产生一定的压力。

三、教育教学建议

怎样采取有效的辅导方法把焦虑水平控制在正常范围内呢？这是教育工作者和心理辅导工作者亟待解决的问题，目前有以下几个方法。

1. 引导学生正确认识问题

让学生认识到人一生中要经历的考试很多，并不能用偶尔的考试失败经验来评价自己，要引导学生认识到在失利的考试中自己学到了什么，虽然名次或分数可能不理想，但与之前比，自己是不是对某些知识的掌握有所进步，能力是否有所增长。

2. 培养学生合理设定学习目标的能力

引导学生认识自我、接受自我,在客观评价自己学习能力的前提下,综合考虑自己的实际情况,设定恰当的目标,将远大目标与近期具体目标相结合,体会“积跬步以至千里”的道理。在达成目标的过程中,还要引导学生根据目标实际完成情况,适时调整目标,目标既要有一定的难度,又要是学生通过努力可以达到的,这样有利于学生成就动机的培养,也有利于目标的达成。

3. 培养学生系统自我分析的能力

可以引导学生分阶段对自己的学习成果或考试成绩进行分析,可以采用列表格的方式,将各学科的学习成绩、学习方法、优势、不足、改进措施、下一阶段的目标等,清晰地列出来。每周、每月或每次考试后都重复一次,让学生养成自我分析的习惯,熟练使用元认知策略,对自己的学习进行有效监控和调整。

4. 培养学生勇敢面对挫折的能力

挫折会使人感到挫败和痛苦,但若能吸取教训、积极面对,也能使人得到锻炼,发奋图强,走向成功。教师可以引用古今中外名人的励志故事,也可引导学生从身边发现面对挫折不屈不挠的人,从中获得感悟,领悟到只有经过打磨的人生才会走向成功,正是从一次次失败中得到的经验铺就了走向成功的路。

5. 培养学生自信乐观、积极向上的性格

承受挫折的能力与人格特征有关。积极、乐观的性格是面对挫折的一剂良药。性格开朗、积极、乐观的人遇到挫折时更可能会采取措施积极应对,因此,教师在日常的教学中要注重培养学生积极、乐观的性格。当发现学生出现焦虑情绪时要及早干预,引导学生以健康的方式释放情绪,如找亲友倾诉,或听音乐、做运动、去郊外散心等方法,以缓解焦虑、释放压力,将注意力转向其他事物。教师也可以营造宽松的班级氛围,多用积极语言表扬焦虑同学的优点,让他意识到自己的优点和存在的意义。在学生取得一点点成绩时教师要及时表扬,帮助学生建立自信。

6. 矫正学生的认知偏差

引导学生正确认识自己，并以客观的视角看待周围的事和物。当学生的认知出现偏差时，教师可通过具体的方法来帮助学生矫正，如可以让学生以列表的方式列举出自己的担忧，然后和学生一起对每一项担忧进行分析，将不合理的担忧剔除并说明原因，再引导学生进行正面思考，让学生自己得出正确的认知方式。

7. 培养学生的情绪调控能力

教师可帮助学生掌握以下比较简易、实用的心理调控方法。

(1) 深呼吸法。让焦虑者采用鼻子呼气，腹部吸气。双肩自然下垂，慢慢闭上双眼，然后慢慢地、深深地吸气，吸到足够多时，憋气 2 秒钟，再把吸进去的气缓缓地呼出。几次呼吸之后，会感觉越来越轻松舒服，状态恢复后再继续学习或答题。(徐岳敏，2010)

(2) 自我教导法。让学生自己和自己对话，实现自我沟通，逐步建立起正确的情绪反应方式。如考试前感到焦虑，可让学生每天对自己说“我知道我能应付这个考试”或“考试成绩并不重要，我已经尽力了，这才是最重要的”。

8. 学会积极的自我暗示

一些诸如“我肯定考不好”“我要考砸了，爸爸妈妈要批评我了”“要是考不到第一，那多没面子”等，这类的想法容易引起学生的焦虑情绪，教师要教会学生用积极的、正面的语言来暗示和肯定自己，积极暗示的技巧和方法如下。

(1) 说肯定句，简洁有力。不要说“我不能失败”“我都还没准备好”“我不能泄气”之类的句子，而要说“我越来越自信”“我一定能成功”“我一定能考出自己的水平”。

(2) 配合想象。在心里重复积极正面的暗示语时，在脑海里也清晰地想象自己变成理想中的样子。

通过了解以上解决焦虑的办法，让学生合理宣泄焦虑的情绪，增强自信，完善自我。教育工作者不仅要想办法保持学生身心健康，还要对学生的学习提供很多帮助，这些对培养高素质的人才具有十分重要的意义。

第五章　学校适应

本章将概述中小学生在学校生活中表现的心理和行为特点。通过了解学生的心理和行为表现，教师可以更好地引导学生适应学校生活，避免不良学校生活事件的发生。

第一节　同伴关系

一、案例与问题

芳芳、圆圆和萍萍是好朋友，三个人一起上课，认真学习；课余时间也总是形影不离，一起玩闹、一起吃零食、一起聊八卦。这个学期，学校为同学们开设了游泳课，大家都很高兴。可是，每次在更衣室换衣服的时候，芳芳总是磨磨蹭蹭，每次都是等所有人换好泳衣出去了之后，她才开始换衣服，每次都为了等她，全班挨体育老师批评。

这一次，同学们再也不想被老师批评了，于是大家逼着芳芳和她们一起换衣服，连圆圆和萍萍也和大家一起逼迫芳芳……结果她们看到了惊人的一幕——芳芳背上的疤痕。同学们一哄而散，把芳芳当成怪物一样，圆圆和萍萍也不和她玩了。

班主任知道此事后去芳芳家做了家访，了解到芳芳背上有两条长长的疤，是小时候做手术留下的。回到学校后，老师在班会上跟同学们讲述了一个天使的翅膀的故事："原来，我们每个小朋友降生到世上，都是一个天使，本来每个人都是有一对翅膀的，只是由于人类的不断进化，我们现在都看不到自己的翅膀了，而芳芳背上的疤痕正是翅膀没有完全退化留下的痕迹……"听完故事以后，圆圆和萍萍异口同声地说："好羡慕啊！我们可以摸摸天使的翅膀吗？"班上的其他同学也纷纷表示想摸一摸，征得了芳芳的同意后，同学们排着队轻轻地触摸了芳芳背上"天使的翅膀"。(如图 5.1 所示)

图 5.1　天使的翅膀

二、知识

1. 为什么小学低年级学生喜欢三五成群地说个不停——同伴关系

同伴关系是指年龄相同或相近的学生在共同的活动中建立的人际关系，它在小学低年级学生心理发展中具有其他人际关系无法替代的独特作用。小学低年级学生的社会性行为和与他人相处的方式和技能，更多是在同伴交往中习得的。

友谊在小学低年级学生的社会生活中具有重要的作用，在这一阶段，小学低年级学生开始认识到朋友的重要性，建立和维持友谊成为小学低年级学生生活中的重要部分。友谊可以帮助小学低年级学生获得安全感和社会支持，可以减轻小学低年级学生在同伴交往中的情感压力和应对反应。友谊的质量会影响小学低年级学生的适应和发展，如果小学低年级学生能在青春前期建立良好的友谊，在成年后会拥有更多的优势，如积极健康的心理、较强的自我价值感、与配偶更加亲密稳固的关系等。(牛立军，2009)

(1) 更倾向于与同伴在一起，交往形式更多样和复杂。

(2) 能更好地在同伴之间传递信息，促进同伴间的关系。

(3) 在对他人采取行动时，可以运用各种信息来帮助自己决策。

(4) 在活动中更善于协调与同伴之间的互动，并促进友谊的发展。

(5) 会逐渐形成自己的同伴团体。

学生进入小学后就体现出了显著的群体认同，他们跟随本能的社会性需要，在交往与归属感的驱动下建立团体，并以团体中一分子的身份开展和实践团体活动。

2. 为什么儿童之间的关系不那么稳定——友谊发展阶段

心理学家塞尔曼（Selman，1980）提出了儿童友谊发展的五个阶段（见表5.1）。

表5.1 儿童友谊发展的五个阶段

年龄	友谊发展的特征
第一阶段（3—7岁）	还没有形成友谊的概念。儿童间的关系只是短暂的游戏同伴关系。对这个阶段的儿童来说，朋友往往与实利和物质属性及其邻近性相联系。这个时期的友谊还很不稳定。
第二阶段（4—9岁）	单向帮助阶段。这个时期的儿童要求朋友能够服从自己的愿望和要求。如果顺从自己就是朋友；否则，就不是朋友。
第三阶段（6—12岁）	双向帮助，但不能共患难的合作阶段。此阶段儿童对友谊的交互性有了一定的了解，但仍有明显的功利性特点。
第四阶段（9—15岁）	亲密的共享阶段。此阶段儿童发展了朋友的概念，认为朋友之间可以相互分享，朋友要互相保持信任和忠诚，甘苦与共。他们开始从品质方面来描述朋友，认为自己与朋友的共同兴趣也是友谊的基础。
第五阶段（12岁之后）	友谊发展的最高阶段。

3. 为什么教师、家长不能代替同伴——同伴关系的独特性

(1) 提供了学习与同龄伙伴交往的机会。借此学会处理关系中的各种社会问题，并按照同伴标准建立和组织自己的反应。

(2) 提供了形成和评价自我概念的机会。在与同伴的互动过程中，可依据同伴的反应促使学生更清楚地认识自己。

(3) 提供了合作学习的机会。合作学习是一种结构化的、系统的学习策略，由2—6名能力各异的学生组成一个小组，以合作和互助的方式从事学习活动，共同完成小组学习目标，在促进每个人的学习水平提升的前提下，提高整体成绩。

小学低年级学生的同伴团体依结构的不同可分为有组织的集体和自发

团体两类。一般在小学一年级，学生需要在教师的指引下形成初步的集体概念和意识。进入小学二年级后，学生便能以班集体的一分子来要求自己，并以维护集体荣誉为己任，按要求完成集体所布置的任务。

升入中学后的学生在人格与社会性方面皆会发生急剧的变化，会有更强烈的自主性和独立性，情绪表现为半成熟半幼稚的矛盾性，人际交往方式主要表现在以下几个方面。（见表 5.2）

表 5.2　人际交往方式

与同伴	与成人
1. 逐步趋近于 2—3 人的交往方式。 2. 更倾向于选择有共同的爱好和烦恼、性格相近及能相互理解的朋友。 3. 朋友关系在生活中日益重要，对朋友的质量产生特殊的要求，只对好朋友诉说自己认为最重要的秘密。 4. 与异性朋友之间关系的变化，由相互排斥攻击对方向相互接近转变。	1. 在情感、行为和观点上与成人逐渐脱离。 2. 父母的榜样作用会逐渐削弱。 3. 不再盲目接受任何一位教师，喜欢品评教师，并在心目中有一两位最钦佩的教师。 4. 喜欢博学、热情和蔼、关心学生成长且有朝气的教师。 5. 会努力学习自己喜爱的教师的科目，且对这位教师提出的各种意见和看法，毫不怀疑地去接受和吸取。

4. 为什么不能否定中学时代的“哥们儿”——同伴关系的作用

（1）良好同伴关系的作用。

- 良好的同伴关系可以满足学生的社会需求，是获得心理归属的重要源泉。学生可以通过与同伴分享自己的情绪，在交流情感的过程中获得心理满足。（如图 5.2 所示）否则，会因缺少同伴支持而产生孤单、寂寞、失落、疏离和不满等情绪。

图 5.2　良好的同伴关系（见彩插）

- 良好的同伴关系可为学生顺利完成学业提供保障，避免出现学校适应困难，为成年以后更好地适应社会建立基础。

- 良好的同伴关系是学生形成健全人格的保证。学生在与同伴交往碰撞的过程中，学会自我肯定、自我反省和自我概念，习得新角色、新技能和新行为。同时，不同家庭背景下成长起来的学生相互传递多元化的信息、社会规范与价值观念，能帮助学生逐渐形成健全的人格。

（2）良好同伴关系形成的影响因素。（如图 5.3 所示）

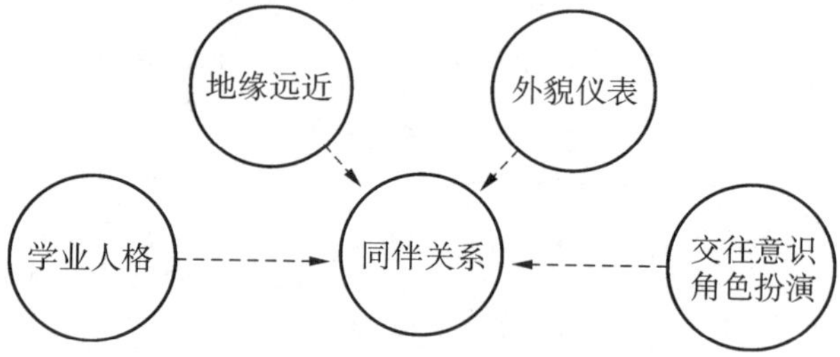

图 5.3　影响同伴关系形成的因素

中学生一旦认定自己的同伴后，对于同伴的赞赏和依赖绝不允许他人置喙。此时否定他“哥们儿”的人就自动被划分到了敌对阵营。因此，教师在与学生交流中应尽量避免否定其同伴。

三、教育教学建议

1. 教师要正确引导

遇到问题时，给学生讲明良好同伴关系的意义，总结经验，不要害怕冲突。利用好问题，使解决问题的过程成为学生成长的经历。

2. 积极组织各种形式的交往活动

开展如郊游、体育比赛、社团活动等，为学生提供相互了解的机会，培养学生的交往意识和交往能力。

3. 给予必要的技能指导

指导时宜将社会认知、具体的行为指导和体验结合起来。从提高学生的社会认知入手，指导学生解决冲突的社会技能，给学生解决问题的机会，把学生社会认知的提高和行为习惯的培养结合起来。

第二节　校园欺凌

一、案例与问题

事件一：北京市中关村某小学的一位家长在网上发文《每对母子都是生死之交，我要陪他向校园霸凌说NO!》……

事件二：安徽怀远火星小学一副班长逼同学喝尿……

事件三：山西鸡山小学，六年级小学生向低年级同学强行索要零花钱，拿烟头在同学的手腕上烫疤痕……

图5.4　校园欺凌

事件四：高一学生小野（男生）和楠楠（女生）坐前后桌，楠楠个子高挑且极瘦，说话比较张扬，喜欢炫耀。小野身材强壮，做事比较仗义，在班级里有比较强的号召力。小野给楠楠取了一个“七级骷髅”的绰号，还在班里做了一个“民意调查”，问同学们是不是很讨厌“七级骷髅”，然后在班级里大声说：“所有人都讨厌七级骷髅，七级骷髅怎么还能如此淡定呢？脸皮真的是太厚了！”

楠楠没有回以任何言语，而是径直走到小野面前打了他三个嘴巴。

小野沉默了5秒钟后拉着楠楠出了教室，刚一出门就碰到了前来上课的班主任。班主任将他们带到了办公室了解情况。

经班主任调解，小野和楠楠在形式上看是握手言和了，但两人再无交流。

很多时候楠楠都躲着小野，与班里的其他同学也几乎零互动。

二、知识

1. 什么行为、行为的什么水平能构成校园欺凌

校园欺凌是指力量相对较强的一方（一人或多人）在未受激惹的情况下，通过书面、言语、电子工具，或者是身体动作和姿势，恃强凌弱、以大欺小或以众欺寡，集中地、持续地蓄意伤害或欺压其他学生，造成受害学生肉体、精神、感情和心灵伤害的行为。校园欺凌事件中包括直接做出欺凌行为的“加害者”、遭受欺凌的“受害者”、起哄助威的“观众”和明明看到却假装没有看到、漠不关心的“旁观者”。欺凌形式包括：肢体欺凌、言语欺凌、关系欺凌和网络欺凌。（宋雪，董洁，刘静，2019）

2. 校园欺凌如何产生——校园欺凌的原因

本案例“事件四”中小野的行为属于校园欺凌中的言语欺凌，同班的同学也间接地成为对楠楠施加欺凌的观众和旁观者。

产生校园欺凌的原因如图 5.5 所示。

图 5.5　校园欺凌的相关原因

3. 为什么不能放任校园欺凌——校园欺凌的影响

经常受欺凌的学生会遭受情绪抑郁、孤独、失眠、注意力分散、学习成绩

差、厌学、自尊下降等痛苦，出现注意力和睡眠方面的问题，学业适应困难，往往在学习上注意力分散，不自信；认为学校不安全，表现出学习成绩下降，逃学，甚至有抑郁倾向。

对于欺凌者而言，欺凌行为会使他们专横跋扈、性情暴躁、易激动、缺乏控制力，进而形成不良的品德，如喜欢奚落、嘲笑别人，表现出高度的攻击性、好斗和充满敌意；同时，还易卷入与不良同伴的联系。

对旁观者而言，因为目睹欺凌事件，会缺乏安全感。对于漠视校园欺凌的旁观者和添油加醋的观众，会表现出缺乏同情心和同理心，长此以往也有可能变成欺凌者。

如发现校园欺凌现象，教师应有针对性地对欺凌事件中的欺凌者、被欺凌者、旁观者分别进行系统性干预，帮助他们树立正确的人生观和价值观，以积极乐观的人生态度面对今后的人生，为全社会的长治久安做出贡献。

三、教育教学建议

1. 明确界定班级中不可接受的行为的界限

应在班集体成立初期就制定好本班的规章制度，任何违反规章制度者都应予以非敌意的、非体罚的惩罚。（曾永春，2014）

2. 创建一个温暖、有积极氛围的班级环境

要不定期地号召学生关心、爱护班级里的每一位同学，并对关爱他人的同学给予及时的表扬与赞誉。

3. 关注被欺凌学生的心理健康

一旦发现有学生受到威胁，需要通过家长、受欺凌者及同伴等多方面了解学生的心理健康状况，有的放矢地进行干预和支持。

4. 鼓励旁观者勇于阻止欺凌事件或主动向教师报告欺凌事件

启动和推进学生的同情心和同理心，让学生从旁观者进入维护和平的使者的队伍中来。

5. 用正确的方式宣泄消极情绪

有些学生之所以成为欺凌者，主要是因为他们希望通过欺负他人来宣

泄自己的不满情绪，尽管他们知道此种行为方式不被赞扬，但又没有更好的方法。所以我们需要帮助这类学生建立起良好的生活、学习、活动方式，用适合的方式宣泄消极情绪，比如跑步、游泳、唱歌等。

第三节　青春期与性发育

一、案例与问题

图 5.6　青春期

小学高年级女生小英，青春期发育较早，当同班女同学的胸部还是刚刚隆起的时候，小英的大胸脯就很明显了。

这让她很窘迫，她对此毫无心理准备。无论是在教室里、操场上还是在图书馆里，她感觉处处都有双眼睛在监视自己，加上男生的窃窃私语，小英觉得非常尴尬。为此，很多时候她只好刻意掩饰自己的胸部。

二、知识

1. 为什么小英会觉得同学们在监视自己——性发育

青春发育期的儿童正处于身体和心灵迅速发育的阶段。性激素的影响促使生殖系统成熟，男生和女生表现出不同的第二性征，青春期个体达到性成熟并开始具备生育能力。

对女生而言，早熟可能会使自己处于某种劣势地位。一个发育非常早的女生看起来年龄更大一些，体重经常比同班男生还重，与晚熟女生相比，早熟女生可能不大喜欢与他人交往，也不太受人欢迎。但是对于男生而言，早熟男生会拥有某些优势。他们较为出众的体形和身体力量经常使他们在运动能力方面表现得更为出色，这种结果有助于他们获得成人和同伴的认可。

2. 为什么教师要引导学生正确认识生理发育——青春期的特点

小学高年级学生已经进入青春期的发展阶段，帮助中小学生正确对待青春期生理及心理变化，正确认知青春期的性生理和性心理问题，消除性焦虑尤为重要。

小学高年级学生的思维处于由形象思维向抽象思维发展的阶段，在对问题的看法和理解上，从现象到本质都处于似懂非懂、似是而非的朦胧阶段。面对月经初潮的来临或遗精的出现，学生们第一次体验到，自己日后会成为一个"女人"或者"男人"，女生和男生的性别界线变得明显而神秘。关于"性"，学生们有很多疑问和不解，他们亟须解答，却又无从启齿。这时就需要学校及时、科学地对学生的生理和心理问题进行解释和疏导。（李孝传，赵秀芹，2013）

3. 为什么进入青春期后学生的心理也随之变化——性角色

性角色是指一个人在社会生活中的各个方面因性别差异而出现的差别。随着生理和心理的发展，学生在完成自我的再认识过程中，不但增强了成人的自我意识，而且进一步确立了"男人"或"女人"的自我意识，逐渐地能够按照社会规范来控制自己的行为；能够遵从社会对男性或女性提出的"角色规范"的要求努力完成"角色期待"。（邹延艾，1994）

4. 为什么要和青春期的学生"谈性"——青春期性心理的表现

（1）性知识能使学生产生浓厚兴趣。处于青春期的中小学生对性知识有强烈的探索欲，这是每个人性心理发展都要经历的必然阶段。

（2）爱美之心空前膨胀。处于青春期的中小学生会"过分"追求美感，教师要在理解和支持他们爱美的同时给予提醒，要让学生懂得，内外兼修的美才是对美最好的诠释。

（3）对异性产生兴趣和爱慕。处于青春期的学生会关注异性，对异性有好感并想要追求异性，这些都是青春期性心理发展的正常现象。这也是日后男女之间建立真正的爱情和美满的婚姻的心理基础。学校应针对学生此时的心理特点进行积极正确的引导，提醒学生尊重他人和保持相互间真诚与纯洁的意义与重要性。

（4）莫名的性欲望和性冲动。每个人的生理因素和心理因素有所不同，性欲望和性冲动的强弱是因人而异的。对于青春期学生的性欲望和性冲动，要采用应疏勿堵的原则。要注意教育学生用升华的办法转移自己的性能量，用社会主义精神文明、道德和法制来约束自己，正确地对待性欲望和性冲动。

（5）心理发展的矛盾性。身体外形的变化使学生产生了“成人感”，希望能尽快摆脱成人的束缚和童年的一切，扮演新的社会角色，得到与成人一样的权利和地位。（如图5.7所示）他们反抗小学低年级学生时代同成人形成的依附关系，不愿意轻易接受成人的意志或意见，经常出现抵触情绪，但有趣的是在他们的内心深处却不能完全摆脱对成人的依赖与屈从，他们将依赖的方式和程度进行升华，更希望在精神上得到成人的理解、支持和保护。

图5.7　青春期孩子的“成人感”

中学生很少对外表露自己的心理活动，更倾向于将自己的内心世界封闭起来。这种封闭源于生理变化，智力、情感的深化和自我的发现。由于他们对许多问题还不能依靠自己的能力去解决，同时他们又担心求助有损独立人格而不愿意向成人求助，从而导致他们的内心冲突及在现实中所遇到的挫折都比他们想象的要多得多。（韩丽娜，2010）这也是他们时常感到非常孤独寂寞，很希望与他人交流、沟通并得到理解和关心的主要原因。

有学者指出，近几十年来，人类在生物性成熟方面存在着全球性提前的倾向。（侯加慧，沈贵鹏，2013）这表现在青春发育期提前到来和青春发育期完成的缩短化两个方面。这种青春发育期普遍提前的趋势，将给社会和教育带来很多问题。不仅中学教师，小学教师可能也开始面临许许多多的问题，教师应该理解这一阶段学生的心理发展特点与矛盾，尊重他们想获取独立与支持的需求，采取温和友善的方式应对孩子们的问题，避免产生冲突。

三、教育教学建议

1. 在适当的时机展开谈话

理解并接纳学生的想法，了解学生的困惑和不安，给予支持和帮助，看准时机实施干预。

2. 说明个体发展的差异性

个体发育的时间有早有晚，如案例中的小英只是发育早些，等到其他女生都发育成熟时，就不会如此引人注目了。让学生明白事物是会慢慢发展变化的。

3. 阻止不良的举动

因羞涩心理穿紧身束胸衣的举动，不仅限制了乳房发育，影响血液循环和新陈代谢，还可能对未来产生各种隐患。所以，要杜绝束胸的做法，应当正确护理乳房，穿戴合适的内衣。

4. 促进人际关系的发展

教师指导学生社会交往策略和人际交往技能，提高学生自我认知水平，让学生正确对待他人，使同学之间建立良好的人际关系。

5. 发挥班集体的帮助作用

让榜样学生带头示范，通过教师树立威望，改善集体环境和氛围。

6. 家校共同合作

教师和父母共同关注学生的心理和行为，必要时可带学生离开学校环境，放松休息，改善心情和状态，将注意力转移，不要再让学生过分关注此类事件。

知识拓展

学生的身体意向和饮食障碍

在青春期，男生和女生的身体开始成人化，但是他们如果对自己的身体不满意，或者老是把注意力集中于一些自认为有缺点的地方（比如体重），由于社会和媒体的宣传，他们可能会感到抑郁，或采取极端的控制体重方法（如禁食、催吐等）。

不健康的体重控制策略会导致营养和成长状况出现问题，尤其是那些持续节食的青春期女生。如果简单的节食发展为饮食障碍（如神经性厌食症、暴食等），可能会导致更严重的健康问题，如食道问题，牙齿珐琅质，心肌及甲状腺、骨密度、生殖系统的损害。

第四节　恋爱与“练爱”

一、案例与问题

强强是一名高一男生，是数学课代表。由于课代表的身份，所以，与来自同一所初中且数学成绩优秀的娟娟接触较多。他们一起探讨解题方法，彼此都发现自己更加关注对方。强强的一言一行，娟娟的一举一动，都会引起对方的关注。娟娟会在上课时偷看强强，有时四目相对而害羞低头。尽管如此，他们谁也没有向对方表达，因为他们知道此时表达情感是会分散学习精力的，但是又改变不了自己这种时刻想看到对方的心理。

他们几乎形影不离，总有聊不完的话题，也总想待在对方身边，强强认为只要娟娟有需要，他愿意为娟娟做任何事，娟娟亦是如此。

二、知识

1. 为什么到了高中时期，男女同学会相互吸引——性意识的觉醒

中学生生理上第一性征和第二性征的相继出现，意味着生理性的成熟，这是生理发展的必然结果。伴随着性生理的迅速发育，性意识开始觉醒。此时，男、女生开始意识到两性的关系，萌发了性的意识和与性欲有关的心理活动，产生对异性的爱慕与好感；好奇心，又使彼此向往窥探对方的奥秘，

开始产生性爱心理，而由于性的神秘感的驱使，学生渴望了解有关性的知识并做出尝试。

2. 为什么学生觉得控制不住自己——与异性交往的心理需求

(1) 对纯真友情和懵懂爱情的双重渴望。由于异性同学之间的相互了解与交往，大多数情况下，他们会在感情与学业中徘徊。

(2) 竞争心态。处于青春期的学生对于外貌的关注达到空前热忱，他们希望获得异性的追逐来展现自己漂亮、潇洒的一面。

(3)“孔雀开屏”心理。处于青春期的学生渴望并向往美好爱情，也有一部分同学会以先找到对象和有漂亮、帅气的对象作为自己的炫耀资本。

(4) 从众心理。对于那些将美好爱情的渴望与向往藏在心底的学生，他们本来没有打算在学校学习期间谈恋爱，但由于周围同学的“榜样”或“怂恿”，促进了学校恋爱的热潮。

(5) 学业调剂。对于一些对自己学业成绩要求很高的学生，他们往往成绩优异并同时感受到更多的压力与竞争。为了缓解自己在学习生活中的紧张感，他们希望获得异性的关注与支持，来宣泄心理的不适感。

青春期对异性朦胧的好感，甚至一定程度上的“单相思”，是每一个从那个年龄段过来的人都有过的经历。因此，我们在这个问题上既要慎重对待，又要提高警惕，不要对此事过于严格，这就有必要对学生恋爱问题进行心理分析。(林安琦，2011)

青春期的男女同学之间的爱慕之情比较幼稚，缺乏牢固的基础，很少有保持下来并最终发展为爱情而结婚的。只要处理得当，控制在相当有限的程度内，这种感情也有一定的意义。作为教师，应该利用青春期男女之间的这种特殊的好感，帮助学生完善自己，促进学生各方面的发展。

三、教育教学建议

1. 帮助学生认清中学时期与异性交往的目的

处于懵懂期的中学生与异性交往的主要目的是了解异性，他们并未真的将此段经历视为寻找终身爱侣。中学时期与异性交往能帮助学生学会与异性相处，并在培养友谊的过程中发展出更好的自己。对于中学生而言，来自同辈异性的认可比长辈的夸赞会给自己带来更多的信心。这种作用就如同长期生活在沉闷密闭的屋子里的人，突然打开了窗，春风拂面，满目青山绿水的感觉一样。这种状态下的中学生会更多感受到学习和生活的乐趣和意义。

2. 帮助学生实现广泛了解异性的目的

对爱情懵懂的学生因为好奇又无法广泛接触异性，难免会一叶障目、有失偏颇。只有让中学生彼此间广泛接触，才能有利于认识了解更多的异性，对异性有一个基本的总体把握，学会辨别异性是真的才华横溢、知书达理，还是“金玉其外，败絮其中”。因此，教师应该利用每一次集体活动的机会，帮助男女学生更多了解异性。

3. 帮助学生认清爱源于尊重

很多学生时刻把爱挂在嘴边，但是他们并不懂得什么是真正的爱。要让学生明白，想让自己的生命中充满爱，就必须先学会爱自己，尊重自己，同时，尊重他人。

4. 帮助学生体会在友情的基础上创造真爱

友情是爱的基石，友情可促进异性之间相互尊重与关怀，促使关系紧密坚固。只有超越身体表象的强烈吸引，在友情的基础上建立的彼此相互欣赏与尊重，拥有共同的兴趣与爱好，设定彼此可参与的目标，这样的爱恋才是维持终身、和谐幸福的爱。

教师要让学生们了解找到一个可以与他分享生命价值和目标的伴侣才是一生所幸。同时，也要引导学生们意识到，寻求终身伴侣不可能一蹴而就，恋爱不是为了填补精神空虚，更不是满足虚荣的盲目钟情，恋爱是要诚心相待，在交往的过程中发展自己和成就他人。这种过程并不容易实现，需要摸索、探究、总结和升华，所以在中学阶段的“练爱”实质上就是对爱的摸索、探究和总结，到了大学阶段就会自然而然地升华出真正的爱情。

第五节　小学低年级学生"偷窃"

一、案例与问题

彤彤，8岁，小学二年级女生。两岁时父母离异，她与爸爸一起生活，爸爸对彤彤很疼爱，父女感情也很好。在彤彤6岁那年，爸爸又结婚了，新妈妈对彤彤也挺好的。但好景不长，爸爸和后妈又有了他们自己的孩子。这让彤彤觉得后妈和爸爸不再疼爱自己了，自己是多余的那一个，活该被冷落。

彤彤的爸爸说："彤彤似乎越长越退步，从4岁开始就一直尿床，现在偶尔也会尿床，吃饭、写作业都心不在焉，总是拖拖拉拉。好像从6岁开始，彤彤就对别人的东西特别感兴趣，好几次我在家里都看到了别的小朋友的东西。为此我是说也说了，打也打了，可是她就是屡教不改。我甚至多次让她发誓、写保证不再拿别人的东西，但并没有什么效果，她仍然一如既往地私拿别人的东西。"

二、知识

1. 为什么有的小学低年级学生喜欢拿其他同学的东西——"偷窃"的心理诱因

小学低年级学生私拿他人物品的主要心理因素有两种。第一种是出于对物品本身的占有欲，小学低年级学生在面对自己感兴趣的物品时，会不加思索立刻据为己有。第二种是寻求刺激的冒险心理，小学低年级学生在拿他人物品时体验到了刺激和神秘感。由此可见，小学低年级学生私拿他人物品的原因，是外界诱惑和心理因素。

2. 为什么教师要慎重说"小偷"两个字——"偷窃"的心理诉求

对于小学低年级学生私拿其他学生物品这种事，切忌以成人的道德标准来批判,更不可给小学低年级学生贴上“小偷”的标签。小学低年级学生的“偷窃”可能是在向我们发出求助的一种信号,而他的本意可能不是去“偷”。

就像本节案例故事中的彤彤,心理教师经过咨询了解到,她习惯性拿同学物品的行为,是源于内心的恐惧、焦虑与强迫。因为再婚父亲工作繁忙,无暇与她进行情感沟通。她一度将对父亲的依恋转移到新妈妈身上,可是随着后妈孩子的出生,她再一次体验到了被抛弃、孤独和恐惧。如果在学校里同样感受不到教师和同学们的关爱,甚至在学校有被孤立或惩罚的经历,则会加重她的不安,甚至导致她对自己的放逐,难以建立和维持自尊自爱。换言之,彤彤“拿”的不是东西而是在“求”爱,所以遇到像彤彤这样的学生,我们要做的是给予多方面、多形式的爱。

三、教育教学建议

1. 用理解代替责骂

责骂只能表现出教育者对待学生行为的态度和情绪,对于了解学生行为背后的原因没有任何的助益。责骂不但会导致师生关系的破裂,还可能激起学生变本加厉地采用不正确行为。

2. 用关切代替质问

如果发现学生有私拿他人物品的行为,应用“这个东西是你喜欢的对吗?”“你也很想买这个东西吧!”等关切的语言代替“你怎么能偷东西呢?”“你为什么学人家当小偷?”等质问性的话语。

3. 切忌过度反应

面对学生的不良行为,教师应该先平复自己的态度与情绪,切忌大叫、审问学生,甚至体罚学生等,而且要告诉家长,绝对不能打骂孩子。让我们听听情境中的彤彤爸爸讲的:“我是说也说了,打也打了,可是她就是屡教不改。我甚至多次让她发誓、写保证不再拿别人的东西,但并没有什么效果,她仍然一如既往地私拿别人的东西。”由此可见,彤彤爸爸不但没尽到父亲的责任,而且还欺凌彤彤,甚至还把一切责任推到只有 8 岁的女儿身上。

面对学生私拿他人物品的行为，教师的第一反应应是去了解学生的动机和原因。只有这样才能有效树立学生的道德标准，起到防微杜渐的效果。

第六节　网络成瘾

一、案例与问题

电子产品成瘾会导致中小学生对其他事情失去兴趣、控制力下降、撒谎、成绩下降和缺乏玩伴。（如图 5.8 所示）

图 5.8　网络成瘾

黄雷上课时似乎被睡神纠缠，总是在酣睡中度过。老师找黄雷谈话，黄雷支支吾吾地说不清楚原因，并多次保证不会再在课堂上睡觉，然而结果总是不尽人意。

后来，老师从其他同学那里得知，黄雷每天晚上都上网玩游戏到很晚，连作业都没有时间写。老师再次与黄雷沟通，黄雷表示自己从小到大一直都是自控力很强的人，可是近日对于网络游戏欲罢不能，总是想玩一会儿就不玩了，但是玩着玩着就不知不觉地到了凌晨三四点。有时他也会刻意地远离电脑和网络，但是这会使自己更痛苦，不能专心做任何事情，更无心写作业。

二、知识

1. 网络成瘾现象有哪些——学生成瘾

在网络活动人群中，学生占主要比重。网络成瘾的发病年龄为15—40岁，学生为高发人群。网络成瘾，又称为网络性心理障碍或网络依赖等。网络成瘾的人主要表现为一种不自主的强迫性网络使用行为和在网络使用过程中不能有效控制时间，并且随着网上活动带来的满足感的强化，使用者出现难以自拔的现象。（余祖伟，孙配贞，2009）在成瘾早期，精神依赖是最为明显的表现，学生如果不能如愿上网，就会出现各种情绪不适，焦虑、抑郁及烦躁不安等现象会伴随产生；继而发展出一定程度的躯体依赖，如疲乏无力、食欲不振、学习能力降低等现象。网络成瘾，也会造成学生心理、生理和社会生活方方面面的不良后果。其认知能力和自控能力都会降低，有时会出现焦虑、抑郁等情绪困扰，还可能会出现兴趣减退和动力不足等表现。

2. 学生容易成瘾是因为他们自控力薄弱吗——学生网络成瘾的原因

（1）网络本身特征。网络本身具有的匿名性、时间快、范围广、自由度高等特点，可以使人在交流时具有很大的信心，而同时可以不拘泥于现实生活的交流方式。

（2）人格特征。容易网络成瘾的学生普遍具有高焦虑、低自尊和自控力低等特征。

（3）家庭和学校环境。有些学生在面临家庭和学业中的现实压力时，会倾向于借助网络来逃避现实和疏解困扰。

三、教育教学建议

1. 拒绝网络沉迷，从了解学生开始

（1）了解学生的心理健康状况。对于高焦虑、自我效能感差的学生给予更多的关注，深入了解这些具有高成瘾倾向的学生平时的业余爱好有哪些，以及他们喜欢用哪些方式缓解焦虑、抑郁等负性情绪。

（2）了解学生对于网络游戏的态度，以及对于网络成瘾的认识与理解。

2. 多方法结合，终止学生网络成瘾

（1）反向实践法。打破原来的习惯定式，采用新的方式上网。比如，对于沉迷于在线仙侠、对抗类网络游戏的学生，可以采用迂回的方式进行矫正。如向其推荐一款益智类的网络游戏，让其在此类游戏中获得更多的自我效能感，从而意识到单调砍杀类游戏的枯燥和乏味。

（2）新任务的植入法。为学生设定必须完成的任务，帮助学生将注意力集中到非网络世界。

（3）制定阶段性目标。通过逐步缩短在线时间，循序渐进地将网络活动降低到适当的水平。

（4）成立支持小组。将上网成瘾的学生组成一个小团体，让他们相互支持并互相监督。

（5）家校联合法。有些家长对于网络成瘾存在误解，可能会采用强硬甚至过激的方式矫正学生。此时教师就要在学生和家长之间搭建沟通的桥梁，向家长解释网络成瘾的原因，引导家长给予学生适度的宽容和强大的支持。（包振宇，方芳，2011）

第六章　人　　格

人格可定义为一个人所特有的行为模式。人格通常又被称为“性格”和“个性”等。人格不单包括性格，还包括信念、自我观念等。当个体主体适应外部环境时，主要的表现是个体在能力、气质、性格、理想、情绪、信念、价值观、人生观等方面的整合。人格主要是指个体留给他人印象性的特点，而且还有个体在生活中各种角色的扮演和与这些角色相对应的个人品格等等。（王伟，2013）

人格的构成特征由于人的不同而有所差异，因此，每个个体都是独一无二的。人格的独特性会使人们即使在相同情境下，也可能产生不同反应。

第一节　人格结构

一、案例

图 6.1　错误的管教方式（见彩插）

有这样一位男孩，从小到大一直被父母吼骂。男孩 5 岁的时候，有一次只因不小心打碎了家里的饭碗，便遭到父母一顿劈头盖脸的责骂。男孩能做的只有默不作声，才算“躲过一劫”。又有一次，男孩和班里同学发生矛盾，扭打在一起。老师叫家长来学校，男孩的父母不分青红皂白就责怪自己的儿子，甚至体罚孩子。（如图 6.1 所示）

如今男孩 15 岁了，变得非常执拗，抱怨父母，不听父母的任何话语，当父母对男孩再动手的时候，男孩开始抵抗，甚至开始还手。父母觉得无法接受。

经常被父母吼叫、打骂的孩子，性格上会发生很大变化。

常见的有问题的人格有三种类型。

第一种是讨好型人格。讨好型人格的人特别在意他人对自己的看法，爱贬低自己，在人际交往过程中往往非常累。孩子因为父母的长期吼叫，会变得不自信，觉得自己一无是处，在和他人相处过程中，会一味地去迎合他人，让他人感觉到满意，从而找到自己的存在感。这也是低自尊人格。

第二种是自卑型人格。自卑型人格的人永远处于一种自我否定和不断感到自卑的恶性循环中。这类孩子人格的养成往往是因为父母经常用暴力和吼叫的方式来压制孩子，孩子即使有想法，也无法表达出。久而久之，孩子习惯了被他人控制，变得逆来顺受。养成了极度胆小和自卑的性格，这种性格影响的将是孩子的一生。

第三种为暴躁型人格。家长的暴躁对待，最终养成了一个暴躁的孩子。孩子长大之后，有足够的力量反抗时，就会成为父母那样暴躁的人，整个家庭也会陷入无止境的纠葛中。

二、知识

心理学中有许多种人格特质模型。本章将主要介绍当下西方流行的“大五人格”因素模型，以及中国心理学家发现的“大六人格”因素模型。

1. “大五人格”因素模型

“大五人格”因素模型假定人格结构由五个基本特质组成：外/内向性(E，也称外倾性)、情绪稳定性(N)、开放性(O)、宜人性(A)及责任性(C)。

“大五人格”的基本特质的概括性含义如下。

(1) 外倾向性(E)：具有较高外倾性的人喜欢与人交往，喜爱文体娱乐，有着丰富的情绪情感，展现出积极、热情、干脆、活泼、灵活、爱冒险等特点；与之相反，具有较高内倾性的人具有羞怯、含蓄、不喜欢与人交往等特点。

(2) 情绪稳定性(N)：具有低情绪稳定性特质的人烦恼会比较多，没有安全感，多表现出焦虑、抑郁等情绪，比较脆弱也容易冲动。

(3) 开放性(O)：具有开放特点的人想象力比较丰富，积极主动，追求变化，逐新求异等。

(4) 宜人性(A)：具有高宜人性的人直爽热情，喜欢帮助他人，具有谦虚、直率等特征。

(5) 责任性(C)：具有责任性的人会表现得尽职、自律、胜任、克制等，有着细心谨慎、自律性强的特点。

"大五人格"结构可以解释广泛的行为，如健康与不健康行为、守法与犯罪行为等。人们普遍认为，该人格结构适用于世界上在不同文化中生活的人群。

2. "大六人格"因素模型

当中国的人格心理学家将西方"大五人格"因素模型应用于中国人群进行研究时发现，它不能完整覆盖中国人的人格特质。经过多年的实证和重复性验证研究，中国心理学家获得了一个略微不同于"大五人格"的因素模型，即"大六人格"因素模型。(如图 6.2 所示)在各个年龄群体、多个职业群体及多个文化群体中使用数据的统计结果都表明，"大六人格"因素模型在解释中国人的行为时，较"大五人格"因素模型更为恰当和完整。(张建新，周明洁，2006)

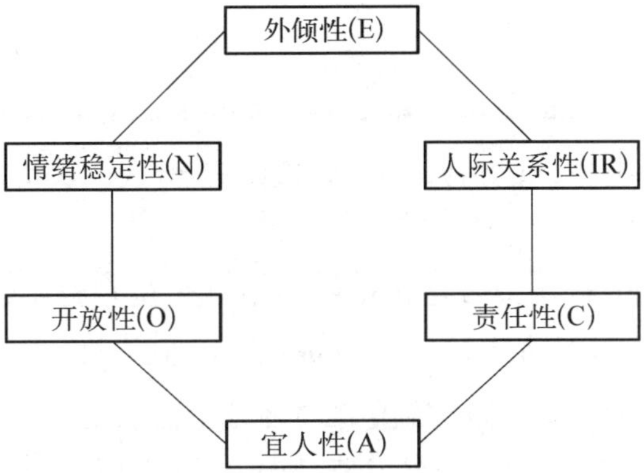

图 6.2 "大六人格"因素型

如图 6.2 所示，人格因素"人际关系性(IR)"是"大六人格"因素模型与西方"大五人格"因素模型之间存在的最主要区别。中国的传统文化，特别是儒家文化，一直以来都十分强调"人际关系"的道德规范性及社会和谐性。

儒家哲学认为，人与禽兽之间的区别主要在于“四端”，即人具有恻隐之心（仁之端也）、羞恶之心（义之端也）、辞让（恭敬）之心（礼之端也）、是非之心（智之端也）。只要将远近亲疏高低的人际关系梳理清楚了，人们就知道了自己在群体中和社会上的位置，也因此知道了自己应该如何恰当地行动了。传统教育中的“温良恭俭让孝悌”等内容都对人际交往做出了明确规定，且中国小学低年级学生从小诵咏的《三字经》就是对他们进行行为规则教育的开始，等他们长大成人后再对下一代进行同样内容的教育。一代又一代传承下来，便形成中国人相对固定的行为模式，也就进入人格特质的层面，从而影响每一个个体的社会行为。

“大六人格”因素模型中的高人际关系性得分者常常在人群中显得老成世故，圆滑玲珑，善于利用“仁义礼智信”等行为准则去约束别人，自己却能够在这一儒家准则之下将他人的资源据为己有，与身份地位较高的人进行人情和利益的交换。宜人性得分较高的人被认为是“好人”，值得信任，具有仁爱之心等。但在实际生活中，“好人吃亏”的现象却处处存在。因此，宜人性特质高的人不一定就是人生的赢家，而人际关系性特质较高的人似乎总是能随机应变，在复杂的人际关系环境中占据先机。人际关系性特质受环境和文化的影响很强，在小学生身上或许还不那么明显，而中学生则在这个特质上出现了分化，有些学生似乎更为成熟老练，而另一些学生还依然稚嫩青涩。

在中学的心理与道德教育中，应该让学生们更多地了解中国文化中优秀的一面，以及对人的行为有限制和约束的一面，让学生感知到传统文化和当下社会环境投射到每个人身上的印记，从而越来越自觉地适应社会生活，变得更为成熟和具有韧性。

三、教育教学建议

1. 韧性（情绪稳定性 N）训练

韧性训练的目的是要让学生们学会控制情绪、获得应对挑战的生活技能。关键点是将学生的人格特质与家庭支持和学校教师的支持系统进行最佳匹配。

对韧性训练效果进行研究的一个重要发现是，培训的内容不一定提高学生的韧性水平，而学生韧性水平的提高更多来自于他们参加培训的体验与感受。这个过程使学生领会到更深层次的期待和希望及信念，从而学生会主动与他人分享自身存在力量的价值感，养成更为成熟和适应性的人格特征，在更高层面上、更高水平上把新的韧性整合出来。

2. 领导力（外倾性 E）训练

要让学生们通过学习关于领导力的知识，学会用积极的演讲技巧影响他人、解决个别障碍、进行群体资源交流、进行目标设定与时间管理、进行团队建设等，最终建立起自信，培养在群体中辨识并达成共识的能力。

3. 尽责性（责任性 C）训练

通过确立目标、实施目标及考核目标，教授自我管理的方法，培养学生的责任感，促使学生养成负责任的习惯。训练过程中，可采用树立榜样、团队活动、讲演练习，甚至心理辅导等手段，让受训学生提高自我价值意识，增强自信和自尊，解决情绪问题，努力做一个自立、自信、自控、自爱之人。

4. 创新性（开放性 O）训练

要创设一个有利于创造想法和活动的宽松环境，让学生们感到有充分发挥自己能力的空间。其中包括要保护学生们的好奇心，解除学生们面对答错问题的恐惧心理，鼓励学生们的独立性，重视非逻辑思维的想象，为学生提供具有创造性的榜样，教授学生一定的创造性思维的策略。

5. 宜人性（A）训练

训练内容主要包括诸如“敏捷清楚地表达意见，成为更好的聆听者”“了解他人，赢得合作”“有效推销自己，分享他人经验”“热情待人，诚实守信”“风趣敏捷，印象管理”“坚持自己目标，照顾他人利益”等，要让学生能够有效沟通，改进人际关系，更加相信自己，增加为人处事的智慧。

6. 人际关系性（IR）训练

“宜人性”的训练虽然也涉及人际关系的处理和适应策略，但“人际关系性”的训练则更为强调中国传统文化所继承发扬的“仁义礼智信”等内容，比如“孝道”训练，鼓励学生从现代的角度去挖掘和整理孝德文化资源，感受传统文化的滋养；结合父母生日、母亲节、父亲节等特殊日子，布置“孝德家庭作业”，让学生说感恩的话、做孝敬的事等。树立“敬老爱亲”模范，通过典型的激励、示范和辐射带动作用，帮助学生知孝义、行孝道、扬孝德、展孝行。

第二节 人格模型的社会生存意义

人格特质对于人类个体和群体都具有生物和社会适应的生存意义，它是人类在漫长的进化历程中逐渐形成的稳定特征。就“大六人格”特质因素而言，有些因素似乎在人类早期就形成了，比如外倾性(E)和情绪稳定性(N)，而有些因素则似乎在人类进入文明社会之后才逐渐显露出来，如人际关系性(IR)等。人格特质的适应功能或许能够更好地体现在个体在问题解决过程中采取的各种不同的策略层面上。

我们大致可以就人格的适应价值做如下推论。

外倾性(E)特质类似于个体的行为趋向系统，主要表现为个体在社会支配方面的差异。外向的人追求他人的关注、对社会性的酬赏十分敏感、乐于且善于进行社会交往；内向的人则相反，更倾向于从自我评价获取满足感。(如图 6.3 所示)外倾性高的人具有较高的做出解决问题决策和行动的内在动力。(迪格曼 Digman，1997)

图 6.3 内外向人格特质的行为表现

情绪稳定性(N)特质是个体情绪和情感强度的稳定系统，表现为个体在情感强度和情绪波动变化上的差异。情绪波动可以唤醒和调动躯体及心理的行动资源，以应对情境中出现的挑战；高情感强度的人具有较高的反应性和较低的刺激阈限值，会更频繁地改变情绪，从而更快地调节和平衡兴奋及抑制的动机。（如图 6.4 所示）情绪稳定性高的人在解决问题行动中具有平衡冲动与忍耐之间的内在力量。

图 6.4　高情感强度的人情绪转变较快（见彩插）

开放性（O）特质代表了个体对生活中出现的新鲜事物的开放或保守倾向，表现为个体内在好奇心上的差异；开放性人格与认知复杂性同步发展，互相促进。对新经验高度开放者通常对智慧和美学抱有广泛的兴趣，对生活多有着很好的想象与创造。（如图 6.5 所示）开放性高的人在解决问题的过程中常常倾向于寻求解决问题的奇思妙想。

图 6.5　开放性高的人更具有创造性（见彩插）

宜人性（A）特质接近于个体的抚育和关爱系统，表现为个体在利他行为方面的差异。宜人性高的人能为子女带来温暖情感和安全依恋、能与他人建立起亲密、同情、互惠和稳定的关系。（如图 6.6 所示）宜人性高的人常常善于与他人合作一起解决问题。

图 6.6 宜人性特质的行为表现(见彩插)

责任性(C)特质好似个体的行为抑制系统,表现为个体在行为上自我控制的差异。高责任性的人害怕面对危险、不确定性,对社会上他人的处罚和指责十分敏感,但具有较强的延迟满足能力和完成任务的坚韧性。(如图 6.7 所示)责任性高的人在实施解决问题的行动时保持着较高的内在警戒。

图 6.7 责任性特质的行为表现(见彩插)

人际关系性(IR)特质突出了中国传统文化影响下的社会人情运作系统,表现为个体在人情往来、面子运作等社会行为上的差异。高人际关系性的人多为精于计算往来回报,懂得利用人情债(欠人情、给面子等)来维系远近亲疏、礼尚往来的人际关系。当然,跨文化的研究也显示,在其他文化传统下的社会中也存在着人情运作的“自然选择”机制,只不过人际关系性似乎更具有中国文化的特色。(张妙清,范为桥,张树辉,等,2008)人际关系性高的人(人情世故、内方外圆、内外有别、长幼有序)懂得在解决问题的行动中如何依照扩大自身资源的需要去挑选合作对象。

知识拓展

人格的早期形成机制及其实现目标的策略

中国人讲“三岁看大,七岁看老”,3 岁的儿童已经在许多方面表现出了个性和行为特征。在个体基因的遗传基础之上,儿童早期的生活环境(父母、家庭、社区、经济、政治、文化等)线索可能为每一个儿童形成独特人格特征提供关键的调节变量。人们早期的环境确定和调整了每个人心理机制激活的阈限,以及阈限之上的激活强度。所以,早期的环境线索可能以一种不可逆转的方式影响着每个人的发展,导致人们的人格中出现稳定而长期的个体差异。

例如,童年时受过虐待的儿童会逐步形成攻击性人格,在成年后表现出更多的侵犯行为。因为受虐待的经验很早就将应对和适应虐待环境的心理机制激活,并在反复应对的过程中,降低了此类机制激活的阈限,增大了激活反应的强度。他们成年后会变得易激惹,任何微弱的情绪刺激都会让他们暴怒,并以不计后果的方式进行打击和报复。

“大六人格”因素模型中的每一个基本特质也如同上述攻击性人格一样,是在个体基因遗传特性逐步展开的发育和发展过程中,在受到不同环境的影响和调节后显露出来的个体特异性。有的人外向阈限较低,从而表现出外向性特质;有的人从小生活在父母广泛社交的环境中,很早便习惯与人交往的规则与潜规则,所以他的“人际关系性”特质在他成年的行为之中便会发挥重要的作用。

有人会问,人格不是稳定的特质吗?但如果使用“解决问题的策略”的视角,我们更倾向于这样回答这个问题,与其说人格自身稳定,不如说持续稳定的生活情境造成了个人相对不变的解决问题策略的风格,人的行为才表现出适应性的稳定特征。正是学生们日复一日从家到学校再回家的生活,让他们面对和解决的问题大致相当,所以他们解决问题的策略就会稳定下来,而不需要每天都激活一个新的应对心理机制,或者提高激活新的心理机制的阈限。当然,个体生活的早期环境,特别是家庭会对个体解决问题的策略产生很强的、不可逆的影响作用,为个体建立起了激活自己心理应对机制的适应性的强度和阈限，导致其人格中出现某种“三岁看大，七岁看老”的稳定而长期的特征。每个人在生活中形成的人格特质，也是他解决问题、实现自己目标的一种策略。总体而言，虽然人格并无好坏、优劣之分，但若某种人格特质能够影响和帮助个人策略实现，则对该个体而言，这种特质被称为策略促进人格，相反，阻碍策略实现的特质则被称为策略干扰人格。

“大六人格”因素的促进和干扰作用大致表现为。

高外倾性(E)的人更可能运用社会支配性的方式解决问题，可以成为领导者，但也会被他人认为攻击性过强。高宜人性(A)的人更可能与他人平等、公平、等价地合作以解决适应问题，可能很受他人欢迎，但也可能被认为过于“老好人”。高责任性(C)的人通过遵守纪律、勤奋和努力工作解决适应问题，会赢得他人信任，但也会处事僵硬，灵活性不足。情绪稳定性(N)较高的人可能依靠内在的韧性和恢复能力来解决适应问题，具有较强的适应能力，但也可能缺乏激情，生活平淡无奇。开放性(O)高的人可能擅长运用创造性的认知方法解决适应问题，但有些人或许会超越现实。人际关系性(IR)高的人过于世故，以礼生情建立圈子，以解决资源适应的问题，如果缺乏原则性，则会表现为过于圆滑。

主要参考文献

一、图书类

1. 陈虹.教师职业心理与人生幸福[M].天津:天津教育出版社,2015.

2. 陈虹.教师应用积极语言培养学生核心素养[M].北京:世界图书出版公司,2018.

3. 理查德·格里格,菲利普·津巴多.心理学与生活[M].王垒,王苏,译.北京:人民邮电出版社,2003.

4. 林崇德.发展心理学:第2版[M].北京:人民教育出版社.

5. 林正文.儿童行为的塑造与矫正[M].北京:北京师范大学出版社.

6. 彭聃龄.普通心理学:第4版[M].北京:北京师范大学出版社,2012.

7. 王伟.人格心理学:第2版[M].北京:人民卫生出版社,2013.

8. 尹文刚.神奇的大脑:大脑潜能开发手册[M].北京:世界图书出版公司,2012.

二、期刊类

1. 包振宇,方芳.教师对学生"网络成瘾"的早期诊断与干预研究[J].福建论坛(社科教育版),2001(2):110-111.

2. 曾永春.如何让特教学校学生远离校园欺负[J].平安校园,2014(8):60-62.

3. 陈虹.教师语言乐观率与学生情绪愉快度的关系:积极语言在教育中的应用[J].现代教学,2014(8):45-48.

4. 陈虹. 运用积极语言比出正能量[J]. 中国德育,2016(16):45-48.

5. 陈雪,陈虹,吴文庆. 积极心理学视野下的积极语言研究[J]. 中小学德育,2014(9):74-76.

6. 陈雪梅. 多元智能理论对我国学生评价的启示[J]. 教育实践与研究,2018(C3):43-47.

7. 韩丽娜. 初中生的个性发展特点及教育对策研究[J]. 淮阴师范学院学报(自然科学版),2010(6):545-547.

8. 侯加慧,沈贵鹏. "灰色学生"逆反心理探究[J]. 思想理论教育,2013(18):67-69.

9. 李孝传,赵秀芹. 浅析小学高年级学生的"早恋现象"[J]. 课程教育研究,2013(21):229-230.

10. 林安琦. 中学生早恋及其原因分析[J]. 文学界(理论版),2011(1):241-242.

11. 牛立军. 同伴交往与友谊模式的演变对小学儿童人格社会化的影响[J]. 科技信息,2009(11):459.

12. 宋雪,董洁,刘静. 中学生对校园欺凌及相关法律的认知研究[J]. 教育教学论坛,2019(5):190-191.

13. 文艺.《荷塘月色》主题意蕴教学·"最近发展区"理论实践案例[J]. 俪人(教师),2015(6):319.

14. 余祖伟,孙配贞. 中学生自尊与网络游戏成瘾的关系:学校满意度的中介作用[J]. 中国健康心理学杂志,2009(12):1438-1441.

15. 张建新,周明洁. 中国人人格结构探索——人格特质六因素假说[J]. 心理科学进展,2006(04):574-585.

16. 张妙清,范为桥,张树辉,等. 跨文化(中国人)个性测量表青少年版(CPAI—A)的香港标准化研究——兼顾文化共通性与特殊性的人格测量[J]. 心理学报,2008(7):839-852.

17. 邹延艾. 青春期的性心理[J]. 中国学校体育,1994(6):55-57.

18. Dunn R, Dunn K, Primavera L, et al. A Timely Solution: Effects of Chronobiology on Achievement and Behavior [J]. Clearing

House，1987，61(1)：5－8.

19. Geiselman R E，Glenny J. Effects of Imagining Speakers' Voices on the Retention of Words Presented Visually[J]. Memory & Cognition 1977，5(5)：499.

20. Cheung F M，Leung K，Cheung S， et al. What is "Chinese" Personality Subgroup Differences in the Chinese Personality Assessment Inventory(CPAI－Z)[J]. Acta Psychological Sinica，2004，36：491－499.

21. Digman J M. Higher — order Factors of the Big Five. [J]. Personality and Social Psychology，1997，73(06)：1246.

三、论文类

1. 陈香. 青少年自我同一性的发展——同一性地位及其相关因素的研究[D]. 河北大学，2001.

2. 刘雯雯. 普通高中学生职业生涯规划现状研究——以浙江、贵州某两所高中为例[D]. 云南师范大学，2016.

3. 徐亦潇. 中学生目标管理和时间管理能力水平与学业成绩的相关研究[D]. 首都师范大学，2013.

4. 严孟帅. 学生创造力培养及评价研究[D]. 华东师范大学，2015.

5. 赵婉伊. 中职生自我控制能力、学业自我效能感、学业成绩的关系研究[D]. 河北师范大学，2017.

附录一：基于学生心理进行教学工作的案例

金晶(化名)是一名小学四年级的女生。她活泼外向，喜欢户外和集体活动，乐于与同学们交往。然而金晶在学业上表现不佳，不能独立完成四年级学生的学习任务。金晶的父母因为受教育程度较低，无力辅导金晶功课，所以为其聘请某教育机构教师进行一对一辅导，但收效甚微。

金晶在学业上的困难主要表现在以下几个方面。

1. 做不对

无论是平时练习，还是正式考试，金晶做题的正确率一直很低。

以数学学科为例，四年级数学对口算的要求是“会口算两位数乘一位数(积在 100 以内)和几百几十乘一位数，整十数除整十数、整十数除几百几十

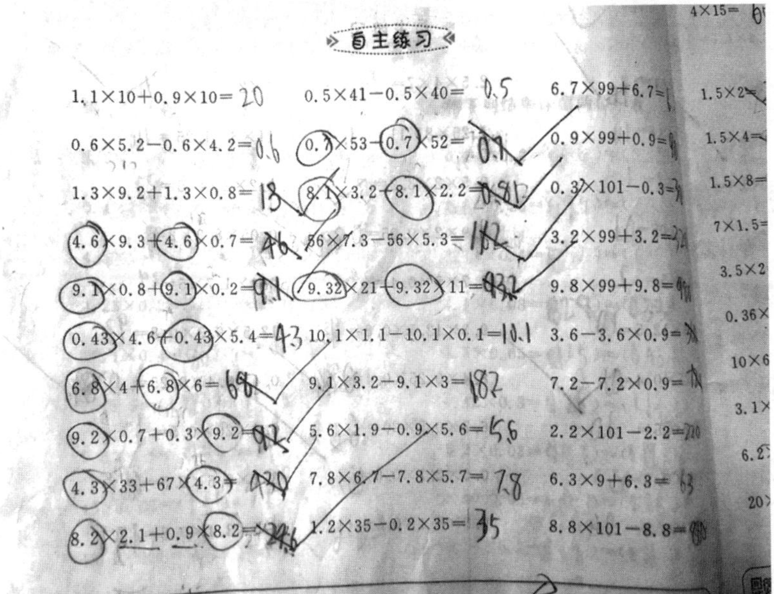

数”。而金晶的口算还停留在十以内加减法的水平,二十以内的加减法则需要借助手指或其他计数工具完成。

以语文学科为例,即便是最基本的抄写作业,金晶也会犯错误,很难一次全对。如果让金晶出声朗读课文会发现,她不能够正确流利地朗读。在抄写课文时,她也经常会有多字少字错字的情况。如抄写课文《爬山虎的脚》最后一个自然段,金晶写成了“爬山虎的脚要是没触到(错字,原文为“着”)墙,不几天就枯萎(多字,原文只有“萎”)了,后来连痕迹也没(丢了“没有”的“有”字)了……”。

也有一些错误体现了金晶对学习的抵触。比如组词作业中教师要求的答题格式为“哺(哺乳)”,金晶写成“哺(乳)”。

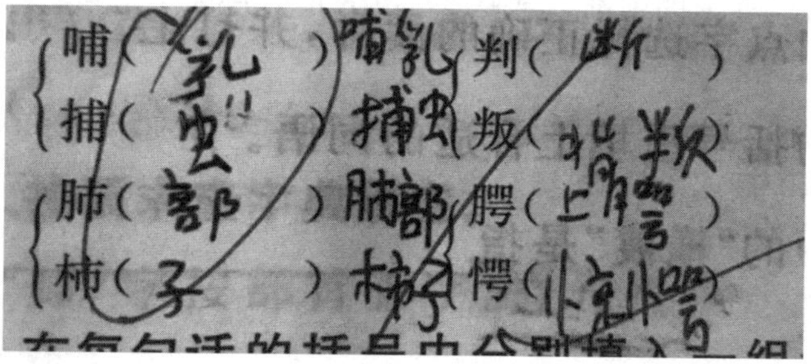

2. 听不懂

集体授课时,金晶的听课质量非常差。尽管她在上课的时候表现得非常安静,从不扰乱课堂纪律。但是有经验的老师会发现,金晶目光散乱,并没有跟随老师思考。家长认为金晶基础薄弱,跟不上课堂进度,就为她聘请了一对一辅导,但这一问题并没有改善,金晶的成绩并没有起色。

翻看金晶的各科练习册会发现,几乎没有一次全对的练习,也没有一次全部改对的练习。老师们需要单独辅导金晶功课,帮助她改正错题。语文老师描述:“我们需要坐在金晶身边,讲一个空让她写一个空才行。如果一下子给她讲多了,她肯定回座位就忘了。”

数学老师表示,即便只有一道题,金晶也可能要改很多遍。比如在改“0.01×0.64”这道口算题时,金晶第一次改为“0.064”,第二次改为“0.000064”。列竖式计算“125×27”时,金晶在计算过程中有两处错误,但每次修改只能改正一处，如图所示。

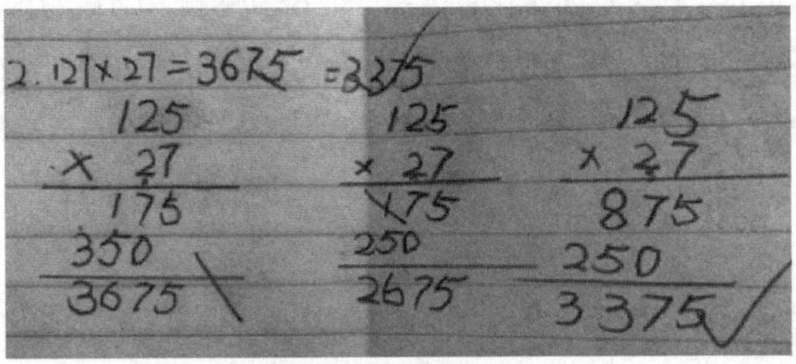

3. 说不出

四年级要求学生在写作练习时“有血有肉（充实）、有声有色、有条有理地写下自己的见闻、感受和想象”。而金晶的作文中极少使用修辞，如描述天气，金晶可以正确使用“今天天气好”，而不能使用“今天天气晴朗，阳光明媚”这样的句子。

在学校日常生活中，金晶也难以清晰地表达自己的想法。例如，午餐时间，班级里需要安排两个同学协助老师打饭，金晶也愿意为大家服务，于是她对老师说：“老师我……我想打饭。”班主任老师将其理解成“金晶同学饿了，所以问自己能不能打饭了”。经过几番询问，才明白她想为同学们打饭。班主任老师说：“听金晶说话，需要帮她总结一下，然后再跟她确认是不是要表达这样的意思。挺简单的事，得说好几句。”

金晶为什么会这样呢？综合金晶的表现来看，心理老师认为她的问题主要是由以下几个因素引起的。

其一，注意力问题。

俄罗斯教育家乌申斯基指出：“注意是我们心灵的唯一门户，意识中的一切，必然都要经过它才能进来。”注意自始至终贯穿于整个心理过程，只有先注意到一定事物，才可能进一步去记忆和思考等。注意力有四种特质，即注意的广度、注意的稳定性、注意的分配和注意的转移，这是衡量一个人专注与否的标志。

从金晶的问题来看，她注意力的稳定性明显低于同龄人。比如口算练习并不是每一道都做不出来，但是一旦题多了，做的时间长了一点，正确率就会明显下降；读课文时多字少字错字的情况会在课文的后半段频繁出现。这是因为金晶此时已经出现了“走神”的情况，注意力不能稳定地集中在做的事情上，导致错误频出。上课时，老师们观察到金晶眼神散乱，也是这个原因。这种问题并不能因为一对一授课而得以改善，所以不管家长怎么帮助金晶报课外补习班，都无法提高她的成绩。

其二，学习上自我效能感低。

自我效能感，指人对自己能不能完成某一任务的主观判断。一般来说，成功经验会增强自我效能感，反复的失败会降低自我效能感。

金晶自上学以来，在学业上的表现不佳，这会降低金晶在学习上的自我效能感，金晶会认为，学习很难，自己学不会，从而放弃努力。

其三，缺乏学习兴趣。

学习兴趣，是可以激发学生求知欲的一种内在力量。学习本身充满乐趣，或者学习的结果让人期待，都可以激发学习兴趣。但是在金晶看来，学习的过程是痛苦的，充满了家长和老师们的不理解。考试成绩依然很差，还是不能够跟上同班同学的学习进度。班主任老师曾经观察到，只要是可以逃避学习的事情，金晶都会积极行动。比如说，同学们正在上午自习，这时需要去操场上领取本班的活动材料，金晶就会主动申请，以逃避午自习。

为了帮助金晶，班级老师仔细研讨，并为金晶同学量身制定了教学内容和方式。

首先，调整方法，适应金晶的个人特点。

考虑到金晶注意力稳定性差，会随时“走神”，课堂上老师会有意识地多提醒金晶几次，比如请她回答问题，多留意她的眼神，走到她身边站一下等。单独辅导时，老师们缩短了每次辅导的时间，给金晶提出了“两个一”的要求——每次只改一道错题，力求一次改对。如此一来，大大缩短了金晶的改错时间，同时也让金晶有更充足的时间感受校园生活。

教学内容上，教师降低了难度，并且采用了更为有趣的教学方式，从金晶的生活中获取材料，比如辅导金晶关于行程的应用题时，数学老师就结合了金晶爸爸汽车公司的实际问题对金晶进行引导，让金晶觉得数学是有意思的，更愿意主动学习。

其次，增加训练，提升注意力品质。

除了规定课程外，年级组请心理老师为金晶设计了注意力训练，希望能提高金晶的注意力品质。心理老师设计了三个阶段的训练来帮助金晶。

阶段一：采用了生物反馈技术、舒尔特方格、挑木棍游戏等形式帮助金晶提高注意力的稳定性。

22	6	12	18	14
16	24	10	1	3
19	4	17	13	8
11	21	15	2	23
5	25	7	9	20

8	23	20	17	21
3	25	14	11	5
6	18	22	7	1
13	15	2	19	4
9	24	10	12	16

3	19	17	20	8
5	12	14	10	16
22	1	24	2	4
18	7	15	6	21
9	25	11	13	23

3	23	21	10	7
14	8	25	2	18
1	16	20	9	11
22	13	24	15	19
5	17	4	6	12

8	4	9	19	21
2	12	24	6	23
20	16	18	14	11
1	3	5	7	17
22	25	10	13	15

7	5	12	15	22
16	9	19	2	11
24	21	6	14	25
18	10	4	23	8
20	13	1	17	3

阶段二：注意力和记忆力的协同训练，采用找不同（改变信息法）、摆棋子、倒背数字、连续命令等练习，帮助金晶提高注意力和短时记忆的能力。

阶段三：注意力和学习内容相结合的训练，回归到课标要求的学习内容上来，用纸牌、卡片等形式帮助金晶适应四年级的学习内容和强度。

再次，发现亮点，提高自我效能感。

过去的成败经验是影响自我效能的重要因素，为了提高金晶的自我效能感，老师们会及时发现金晶的优势和进步，及时鼓励金晶。帮助金晶正确归因，积累成功经验。与此同时，语文老师开始帮助金晶预习，即在上课前告诉金晶本节课的授课内容，并且和金晶约定需要回答的问题，以此降低金晶的听课难度，积累成功经验，提高金晶在学习上的自我效能感。

经过一个学期的训练，金晶基本能够完成四年级的学习任务，成绩明显提高，其中语文成绩提高最为显著。作业质量也有明显改善，抄写等任务正确率明显提高。但是计算能力和逻辑思维的训练并非一日之功，数学学科的提高空间较大，还需要金晶勤加练习。

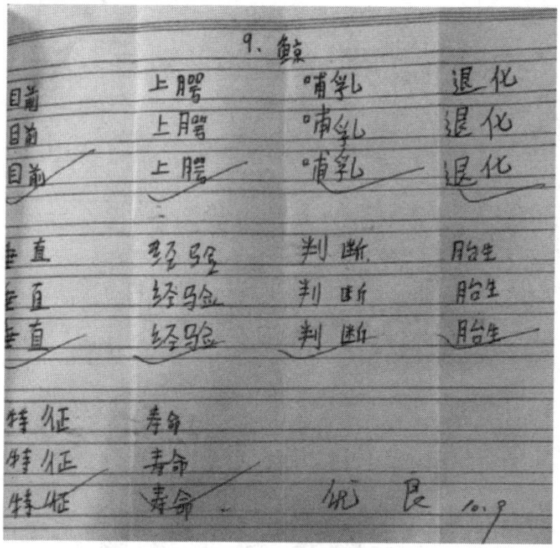

附录二：基于学生心理进行德育工作的案例

四年级开学，班主任黄老师来到了一个新的班集体，经过半个多学期的磨合，黄老师和班里的同学们相处得非常融洽，大部分同学都非常喜欢这个温柔漂亮的老师，黄老师也很欣赏班里的同学们。但是有一个叫常乐的同学让黄老师非常头痛，年级组的老师们也表示，常乐的行为常让他们感到生气，给他们带来不少困扰。

常乐在学校会有以下表现。

1. 顶撞教师，不接受管教。

改错题是小学生在学校学习的一项重要任务。老师会利用课间或午休时间，请学生改正家庭作业和课堂练习的错题。在学校改错题时，有老师随时监督和指导，其效果会远远好于在家中完成。四年级的课业量不大，认真改错不会占用太多的时间，绝大多数的学生和家长都是非常愿意在学校完成改错题的。然而，让常乐改错题似乎是一项不可能完成的任务。课间常乐正在班里走来走去，数学老师在班里辅导大家改错题，他们之间发生了一段非常不愉快的对话。

数学老师问："常乐，你改错题了吗？"

常乐默不作声。

数学老师又问："常乐，你错题改完了吗？"

常乐说："我正要改呢！"

数学老师说："你改完错题了吗？改完拿给我看看。"

常乐不耐烦地说："我说我正要改呢！"

数学老师说："那你快点去改，别在班里溜达了。"

常乐说："我都说了，我正要改呢！"

班主任老师听不下去了，说："正要改就是改完了吗？那你正要吃饭，是不是可以不吃了？”

常乐默不作声。

这样的问题并不是第一次发生在常乐身上，老师们说，常乐是个极其难以管教的孩子。常乐刚刚来学校的时候，老师们尝试跟他讲道理，但是这个孩子是个嘴上不吃亏的人，老师无论说什么，只要不和他的心意，他就用小声的嘟囔来顶撞，事后也不愿意改正自己的不良行为。有的老师说：“学生能力差，老师可以多花一点时间辅导，慢慢来，不着急，但是每次给常乐讲题或者讲道理的时候，他耷拉着脑袋翻着白眼的样子，真是让我们心寒。”久而久之，老师们也就不爱过多地教育常乐了。

2. 自私自利，不关心同学

在和同学们的交往过程中，常乐的表现也很让人失望。同学们会尽量避免和常乐产生冲突，因为他是个报复心很强的人。班里的同学陈铭（化名）讲了一件小事：“周三中午我们小组饭后值日，打扫卫生时，我不小心碰掉了常乐的笔，然后他二话不说把我的铅笔盒扔地上了。我碰掉了之后就给他捡起来了，但是他没有把我的铅笔盒捡起来。”

班主任说，常乐对同学不友善，也感受不到同学的好意。有一次，常乐生病没有来学校上课，班里有一位特别友善、对所有人都很好的同学主动帮他记了作业，常乐却一点都不感激。

老师问他：“你谢谢同学了么？”常乐却说：“又不是我让他记的。”

班主任说，常乐就是这样，总觉得别人对他好是天经地义的事情。比如每周三他的家长由于工作原因不能按时接他，他需要在学校多待一会。学生回不了家，老师们就不能做其他的工作。于是班主任跟常乐说：“如果可以，还是请你爸爸妈妈想想办法，按时接你回家。”常乐立刻没好气地回答：“我妈说了，她周三有课，就只能晚一点来接我，我就得在学校待着。”

升入四年级，学生们已经相处三年多了，形成了非常稳固的集体，同学们也会主动维护班集体的利益，非常愿意为集体贡献力量、增添荣誉。但是常乐并不这样认为。一天中午，班主任邀请常乐为同学们打饭，常乐说：“我才不帮别人打饭呢，我得先吃饭。”听到这样的话，班主任非常寒心。常乐不为班级服务，也不喜欢参加班级活动。十二月份合唱节比赛，每个班级都在抓紧时间练习，常乐所在班级练习的时候却经常找不到常乐。班主任说："我们非常希望可以让他多参加集体活动，培养他的集体荣誉感，但无论给他安排什么样的角色和任务，他都不会认真负责地完成，比如说上次运动会，我让他做一些简单的工作，和其他同学一块跑跑腿、送送宣传稿，结果他拿着宣传稿跑到别处玩去了，最后弄得班级利益受损。我不怕班级没有取得好成绩，我怕的是他不反思自己。"

平常在班里，常乐好像随时期待着大家出洋相，比如有同学摔倒了，老师放视频之前弹出广告等，常乐都会发出不和谐的哈哈大笑声。

常乐让人头疼的还有他随时会爆发的脾气。常乐其实是个非常敏感的学生，他不允许同学们议论他，甚至提到他也不行。如果让他听到了，他会气急败坏地与同学们大打出手。他和同学之间的矛盾，甚至会升级到家长之间，这让班主任老师每日提心吊胆。

从心理发展的角度来看，常乐的表现说明了以下几个问题。

其一，自我控制能力差。

学生应在三年级末，逐渐养成在学习时间自我控制的习惯。四年级之后，学生自我控制的范围将不断扩大，质量也日益提高。比如，学生可以发现自己的学习缺点，并利用自己的力量去改正。在这方面，常乐的发展明显滞后，很难有意识地控制和调节自己的行为，更难以像同龄人一样初步形成责任感。

其二，自尊水平低。

学生的自尊发展很重要，他们在这一时期越来越多地将自己与他人进行比较，从而判断自己在多大程度上符合社会标准。从常乐的表现来看，他的自尊水平比较低。所以当他听到对自己不好的评价时，会向同学或老师大叫："我没有，不是我！"他也不能够接受老师的教育和批评。

其三，缺乏友谊的支持。

常乐未来的发展还会面对很多困难。低年级的学生大多凭借身体和学习水平的高低来交朋友，但是四年级以后，班集会分化并形成若干个小集团。这时，常乐就更难以融入班集体了，脱离了集体和同伴关系，常乐就难以形成和评价自我概念，难以学习与他人相处的技能，这就使常乐的个性和社会性发展变得更加艰难。

针对常乐的问题，教师们做了以下工作。

首先，发挥集体教育作用。

在团体活动中，学生学习处理各种关系中的社会问题，形成适应同伴团体要求的行为模式。为了帮助常乐改善同伴关系，班主任老师设计了一系列班会活动“受欢迎的人”“帮手的力量”“我是谁?”等。(见下图)

在班会课“受欢迎的人”中，班主任请同学们大胆描述自己喜欢的伙伴的行为特点，如友好、乐于助人、赞美、分享、能力强、情绪稳定等，为常乐树立正面榜样。同学们还会根据自身的实际情况进行联想和反思，促进自己成为更受欢迎的人。

在班会课“帮手的力量”中，班主任老师用生动的案例和课本剧的形式，帮助同学们理解助人行为、利他行为的意义，并请同学们思考自己可以帮助同学们做些什么。在这节课上，同学们纷纷展示了自己的“支持手”，向同伴表达：如果有困难，我愿帮助你。

主题班会课“我是谁?”则促进常乐自我意识的发展。小学阶段，学生会继续寻找“我是谁”的答案，在认知发展的帮助下，他们不再只是从外部身体的特征来了解自己。教师要求学生创造充满想象力的“我的十二行诗”，并在全班展示。请同学们相互评价赞美，选出“最有想象力奖”“语言最美奖”“最长的诗”“最短的诗”等。

一次次的主题活动有针对性地加强了常乐和集体的联系。常乐也在与同学们的交往中，学习如何有效地控制情绪，解释自身情绪体验等。

其次，重视教师期望效应。

教师的期望效应是指：教师对学生的期待会影响学生的行为。年级组老师了解常乐的问题之后，决定将工作重点放在与常乐建立良好的师生关系上。老师们花费更多的时间与常乐进行真诚的交流，帮助他理解同学和老师的善意。积极关注常乐的表现和变化，发现常乐的闪光点，及时表扬和鼓励强化常乐的进步，形成良性循环，帮助常乐稳定情绪，促进利他行为发生。

老师们还非常关注常乐在人际交往中的行为表现，有意识地培养和教授他社会适应技能，如应该怎样和同学谈话、怎么和同学分享自己的经历、怎样了解别人的故事等，并帮助常乐正确接纳他人的评价，提高自尊水平。

再次，帮助家长调整教养模式。

为了更好地帮助常乐，班主任走访了常乐的家庭。常乐的父亲工作非常繁忙，陪伴常乐的时间不多，和常乐一起学习时表现得比较急躁。常乐的父亲表示：自己当年上学的时候哪有这么费劲，这么简单的东西都学不会。当常乐不能达到父亲的期待时，父亲经常恶语相待，有时也会使用一些体罚的手段。常乐的母亲是一名中学老师，大多数情况下是温柔地告诉常乐，这么做不对，但没有相应的管理方法。比如，常乐经常会在桌子上乱写乱画，老师向常乐的母亲反映这件事，她却说：“这个我知道，他在我办公室也这么画，跟他说了也没用。”

常乐的父亲采用了典型的“专制型”教养方式。他的特点是控制、惩罚、严格、冷漠。常乐的父亲觉得自己的话就是法律，要求常乐无条件服从。

常乐的母亲采用的是“放任型”的教养方式。常乐的母亲对常乐没有什么要求，对常乐的不良行为表现出一种不负责任的态度，觉得常乐的卫生习惯、行为习惯与自己无关，很少限制常乐的行为。

这两种教养方式会使孩子养成很多不受欢迎的特点，比如敌意、依赖、喜怒无常、社会技能和自我控制的能力低下。

教师在了解这样的信息后，与常乐父母反复沟通，帮助父母意识到自己的问题，学习“权威型”的教养方式，在关注常乐情感需要的同时，也积极关注他的行为表现，制定清晰且前后一致的家庭规则，发现常乐犯错误，要让常乐明白自己的行为会引起的后果，并施加惩罚。

在教师、同学和家长的共同帮助下，常乐本学期顶嘴和攻击行为明显减少，与同学之间的关系有所改善，自控能力明显提高，但还没有达到同龄人的发展水平。老师和家长应继续努力，逐步提高对常乐的要求。

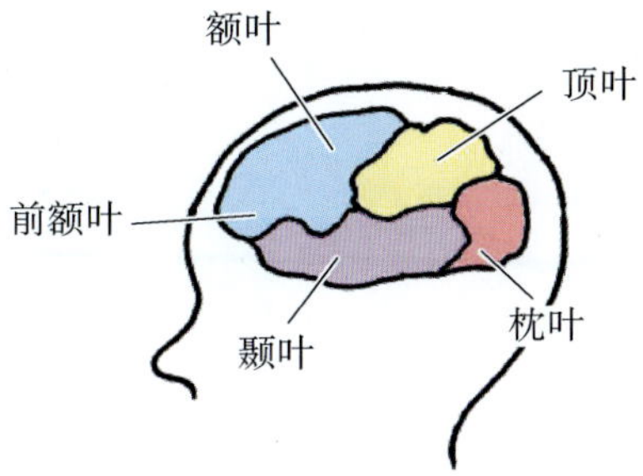

图 1.1　大脑区域

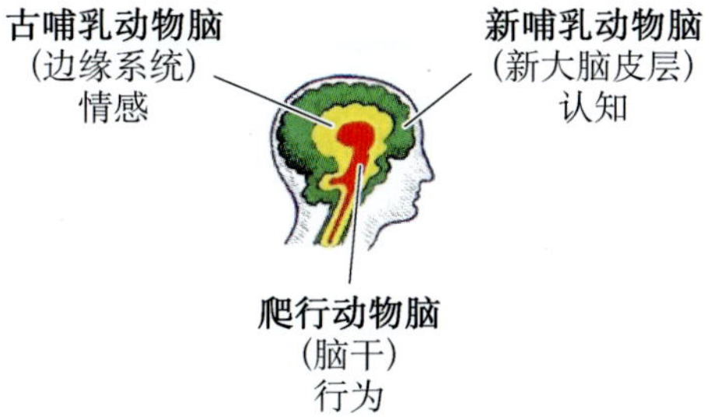

图 1.2　三脑假说

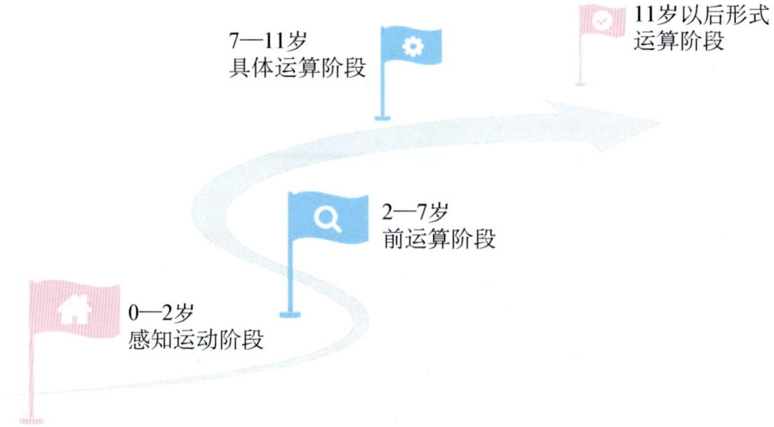

图 2.1　皮亚杰的认知发展阶段

图 3.5　小明的烦恼

图 3.6　家美关注自我

图 3.14　职业价值观的三个因素

图 5.2　良好的同伴关系

图 6.1　错误的管教方式

图 6.4　高情感强度的人情绪转变较快

图 6.5　开放性高的人更具有创造性

图 6.6　宜人性特质的行为表现

图 6.7　责任性特质的行为表现